Exposition Universelle & Internationale
de
BRUXELLES
1910

Groupe VII (Classe 39)

MINISTÈRE DU COMMERCE ET DE L'INDUSTRIE

EXPOSITION
Universelle & Internationale
DE
BRUXELLES
1910

SECTION FRANÇAISE
Groupe VII (Classe 39)
Produits agricoles alimentaires d'origine végétale

Rapport

par

M. Maurice LAUNAY
Sous-chef de bureau au Ministère de l'Agriculture,
Secrétaire-Trésorier du Comité d'installation de la Classe 39,
Membre du Jury.

PARIS
COMITÉ FRANÇAIS DES EXPOSITIONS A L'ÉTRANGER
42, Rue du Louvre, 42

1912

EXPOSITION DE BRUXELLES

(Section Française)

CLASSE 39. — PRODUITS AGRICOLES ALIMENTAIRES D'ORIGINE VÉGÉTALE

COMPOSITION DU JURY

Bureau :

Président : M. le Dr HERNANI DA SILVA PEREIRA, Commissaire de l'État de São Paulo.

Vice-Présidents : M. le Dr WITTMACK (L), Conseiller intime du Gouvernement, Professeur de l'École supérieure d'Agriculture, Magnificence, à Berlin.

M. SPAS (ARMAND), à Anvers.

Secrétaire-Rapporteur : M. GASPART (EUGÈNE), chef de Bureau à l'Office rural, à Bruxelles.

Rapporteur de la Classe française : M. LAUNAY (MAURICE), sous-chef de bureau au Ministère de l'Agriculture.

Jurés-Titulaires :

Allemagne :	M. le Dr EDLER, Conseiller intime de la Cour, Recteur de l'Université d'Iéna, Magnificence, à Iéna.
Brésil :	MM. BARREIROS (CARLOS), attachés au Commissariat de S. Paulo, à Bruxelles.
	CINTRAFERRERA, courtier en cafés.

Brésil : MM. Le Dr Custodio (Junqueira), Commissaire de l'État de Minas Geraes,
d'Araujo, (Escobar), capitaine de l'Armée brésilienne.
de Beaune (Victor), attaché au Commissariat du Brésil.
Elpidio Pereira de Queiroz, Commissaire de l'État de São Paulo.
Laureis (Henri), attaché au Commissariat du Brésil.

Espagne : MM. Perez-Cistue (Louis), ancien Président du Conseil général à Sarragosse.
de Morella (le Marquis), Sénateur.

France : MM. Carrafang (Pierre), négociant en céréales, à Saïda (Algérie).
Conquy (Gaston), négociant en céréales, à Alger.
de Régis (Louis), Président du Syndicat des huiles d'olives, à Marseille.
Gérard (Joseph), agriculteur, à Sfax (Tunisie).
Louis-Dreyfus (Léopold) (Maison Louis-Dreyfus et Cie), négociant en grains, à Paris.
Mayrargues (Félix), négociant en huile, à Nice.

Guatémala : MM. Lepère (Armand), Directeur de la Section belge à l'Exposition de Paris, 1900, à Bruxelles.
Peeters, Directeur de la Société coloniale anversoise, à Anvers.

Italie : MM. Farinola (le Marquis) Folco Gentie, agriculteur, à Florence.
Valentini (Oronzo), licencié en sciences commerciales, à Lecce.

Nicaragua : M. Schwenn (Édouard) Consul de Nicaragua à Anvers.

Perse : M. Stockvis (W.), Vice-Consul de Perse à Bruxelles.

Rép. d'Haïti : M. de Booy, (Bernard), à Anvers.

Rép. Dominicaine : M. Peeters d'Elhoungne, Secrétaire du Consulat général et de la Société domidicaine à Bruxelles.

Turquie : M. Salih Bey, agronome.

Jurés-suppléants :

Belgique : M. de Steenhault de Waerbeek (le Baron) Ingénieur agricole, au Château de Steenhault (Vollezeele).

Brésil : MM. Caminha, A. Chiafitelli (F.), à Bruxelles.
A. Laliere, Professeur à l'Institut supérieur de commerce, à Anvers.
Mello Gustave.

Espagne : MM. Franzmann, Galetti.

France : MM. Clouet des Perruches, agriculteur, à Medjez-Amar (Algérie).
Launay (Maurice), Sous-chef de Bureau au Ministère de l'Agriculture à Paris.
Scavino, Directeur de la Société l'Union des Propriétaires de Nice.

Guatémala : M. Burge (Auguste), à Bruxelles.

Rép. Dominicaine : M. Van Ravensteyn, Chimiste, à Bruxelles.

Rép. d'Haïti : M. Verryken (Georges), à Anvers.

INTRODUCTION

L'Exposition de Bruxelles, parmi les manifestations du même genre qui ont eu lieu dans le courant de ces dernières années, a été une des plus réussies. Le succès qu'elle a remporté, grâce au zèle de ses organisateurs, a été la réponse la plus habile que l'on pût faire aux détracteurs des expositions internationales. Presque toutes les nations se sont rencontrées dans cette lutte pacifique, rivalisant entre elles d'émulation.

La concurrence des peuples sur le terrain économique, née du développement continu des voies de communications, constitue en effet la caractéristique des temps modernes et la prospérité d'un pays se mesure aujourd'hui principalement par l'intensité de sa production et le mouvement de ses affaires.

Les peuples jeunes, nés les derniers à la vie économique, sont heureux de profiter des expositions internationales pour montrer aux autres nations les progrès souvent considérables qu'ils ont accomplis, parfois dans l'espace de quelques années seulement, grâce à leur énergie. Les nations plus anciennes tiennent, d'autre part, à affirmer qu'elles n'ont rien perdu de leur vitalité et qu'elles continuent à marcher à la tête du progrès.

Ces pacifiques manifestations du travail sont d'ailleurs fécondes en heureux résultats. En contraignant les producteurs à se déplacer, en les forçant à constater les efforts et les progrès de leurs rivaux, elles les incitent à ne pas s'endormir dans une douce quiétude. Il en résulte une activité plus grande dont tout le monde finalement profite.

Enfin les expositions internationales, en enseignant aux diverses nations à se mieux connaître, en les obligeant à rendre un public hommage aux efforts de leurs rivaux, favorisent le développement des idées de paix dans le recueillement et le travail.

Ces considérations, qui s'appliquent plus spécialement à l'industrie et au commerce, sont également vraies pour l'agriculture, depuis que celle-ci tend chaque jour davantage à devenir plus scientifique et à s'industrialiser. Le nombre des nations ayant tenu à figurer dans les différentes classes du groupe agricole et l'importance de leurs expositions démontrent d'ailleurs suffisamment l'importance qui s'attache à ces manifestations pour l'agriculture.

Nous avons pu, comme membre du jury, faire plus spé ialement ces constatations en ce qui concerne les produits rentrant dans la Classe 39, dont nous avons seuls à nous occuper ici. Les exposants qui figuraient dans cette classe étaient nombreux, les produits très variés et presque tous d'excellente qualité. Nous avons été heureux de constater que la France était dignement représentée. Le jury a rendu un juste hommage aux efforts de nos agriculteurs, tant dans la mère patrie que dans nos deux belles colonies de l'Algérie et de la Tunisie, en leur décernant les plus hautes récompenses.

Après avoir donné, dans ce rapport, un aperçu général de la Classe 39, en faisant connaître les noms des divers pays participants et les récompenses qu'ils ont obtenues, nous passerons en revue les expositions de chacun d'eux. Nous commencerons par la France, l'Algérie et la Tunisie, pour passer ensuite aux diverses nations européennes. Nous terminerons par les peuples de l'Asie et du Nouveau Monde.

APERÇU GÉNÉRAL. RÉCOMPENSES OBTENUES

D'après la classification générale, annexée au Règlement organique de l'Exposition de Bruxelles, la Classe 39 du Groupe VII (Agriculture) devait comprendre les « Produits agricoles alimentaires d'origine végétale » énumérés dans la liste suivante :

Céréales : *froment, seigle, orge, riz, maïs, millet et autres céréales en gerbes ou en grains.*

Plantes légumineuses : *fèves et féveroles, haricots, pois, lentilles, etc.*

Tubercules et racines : *pommes de terre, betteraves, carottes, navets, turneps, etc.*

Plantes saccharifères : *betteraves, canne, sorgho sucré, etc.*

Plantes diverses : *café en grains, cacao, etc.*

Plantes oléagineuses en tiges ou en graines : *olives, huiles comestibles d'origine végétale.*

Fourrages conservés ou ensilés et matières propres à la nourriture des bestiaux.

Le nombre des pays ayant exposé dans cette Classe était de 21, savoir : Algérie, Allemagne, Angleterre, Belgique, Brésil, Canada, Chine, Danemark, Espagne, France, Guatémala, Haïti, Italie, Nicaragua, Pays-Bas, Perse, Portugal, République Dominicaine, Suède, Tunisie et Uruguay.

On pouvait regretter l'abstention, dans la Classe 39, de l'Autriche-Hongrie, de la Russie, de la Roumanie, de la République Argentine et des États-Unis.

Le nombre des exposants était considérable. Les omissions, souvent très importantes, constatées tant au catalogue général qu'aux catalogues spéciaux de différentes nations, d'une part, et l'importance de certaines collectivités, où figuraient plusieurs personnes inscrites également comme exposants particuliers, d'autre part, en rendent l'évaluation exacte difficile. En tenant compte, dans la mesure du possible, des omissions et en considérant comme exposants individuels les membres des collectivités ayant reçu une récompense personnelle, on peut évaluer à 919 le nombre des exposants.

Le tableau suivant indique leur répartition par nations.

Algérie	515	Haïti	10
Allemagne	35	Italie	41
Angleterre	2	Nicaragua	16
Belgique	9	Pays-Bas	20
Brésil	136	Perse	1
Canada	1	Portugal	1
Chine	1	République Dominicaine	15
Danemark	2	Suède	1
Espagne	34	Tunisie	37
France	30	Uruguay	2
Guatémala	10		

Les expositions dans lesquelles figuraient les plus importantes collectivités, groupant de nombreux exposants, étaient celles de l'Algérie, du Brésil, de la France pour les coopératives oléicoles, du Guatémala, de la République Dominicaine et de la Perse.

Les opérations du jury ont eu lieu dans la première quinzaine du mois d'août. Elles ont été longues, tant à cause du grand nombre des exposants que de la dissémination des produits à examiner, soit dans les palais des différentes nations participantes, soit dans les diverses parties des halls qui leur étaient affectées.

Le nombre total des récompenses accordées, en tenant compte de celles qui ont été décernées à des membres de collectivités considérés comme exposants individuels, a été de 803, se décomposant comme suit : 89 grands prix, 36 diplômes d'honneur, 187 médailles d'or, 170 médailles d'argent, 147 médailles de bronze et 174 diplômes de mention honorable.

Le tableau suivant permet de se rendre un compte exact du nombre et de l'importance des récompenses obtenues par les différents pays.

Il convient, toutefois, de faire observer que le Canada, qui avait organisé une très belle exposition des produits de son sol, aurait obtenu un grand prix s'il n'avait déclaré ne pas vouloir participer à la distribution des récompenses à l'Exposition de Bruxelles.

Pays.	Nombre d'exposants.	Hors concours.	Grands prix.	Diplômes d'honneur.	Médailles d'or.	Médailles d'argent.	Médailles de bronze.	Mentions honorables.	Totaux des récompenses.
Algérie	515	8	10	10	99	102	129	149	499
Allemagne	35	1	18	8	3	4	»	»	33
Angleterre	2	»	1	1	»	»	»	»	2
Belgique	9	»	4	»	3	1	»	»	8
Brésil	136	»	49	1	29	17	5	20	91
Canada	1	»	»	»	»	»	»	»	»
Chine	1	»	1	»	»	»	»	»	1
Danemark	2	»	1	»	»	»	»	»	1
Espagne	34	2	3	2	12	5	1	4	27
France	30	4	14	3	4	5	»	»	26
Guatémala	10	»	1	1	»	1	»	»	3
Haïti	10	»	1	1	1	2	1	»	6
Italie	41	»	7	2	11	12	5	»	37
Nicaragua	16	»	»	2	5	4	»	»	11
Pays-Bas	20	»	3	1	5	3	1	»	13
Perse	1	»	»	»	1	»	»	»	1
Portugal	1	»	»	1	»	»	»	»	1
République Dominicaine	15	»	2	1	3	1	1	»	8
Suède	1	»	1	»	»	»	»	»	1
Tunisie	37	»	3	2	11	13	4	»	33
Uruguay	2	»	»	»	»	»	»	1	1
Totaux	919	15	89	36	187	170	147	174	803

Seule parmi les différentes nations la France avait édifié, pour abriter son exposition agricole, un palais spécial, montrant ainsi la place importante qu'occupe l'agriculture dans les différentes branches de la production du pays.

Cet élégant palais, construit sur les plans de M. Guillaume, architecte diplômé du Gouvernement, était heureusement situé à proximité des pavillons si originaux de l'Algérie, de la

Tunisie et des autres colonies françaises. Il couvrait une superficie de 2.800 mètres carrés, sur lesquels 342 étaient affecté, à la Classe 39. Les belles expositions de MM. de Vilmorins Denaiffe et Victor-Boret, qui occupaient tout le fond du palais, formaient un remarquable ensemble, contribuant heureusement à la décoration générale.

Les exposants français dans la classe 39 étaient au nombre de 30. Quatre ont été classés hors concours comme membres du jury: MM. Louis-Dreyfus, à Paris; Félix Mayrargue, à Nice; de Régis, à Marseille, et Scavino, à Nice. Les autres ont obtenu: 14 grands prix, 3 diplômes d'honneur, 4 médailles d'or et 5 médailles d'argent.

Le succès remporté par nos deux belles colonies de l'Algérie et de la Tunisie est non moins remarquable. L'Algérie se classe la première avec ses 499 récompenses, dont 10 grands prix, 10 diplômes d'honneur et 99 médailles d'or. La Tunisie, dont la participation était moins importante, a réussi cependant à obtenir 33 récompenses, dont 3 grands prix, 2 diplômes d'honneur et 11 médailles d'or.

Cette énumération succincte permet de se rendre cependant un compte exact de l'importance de la participation de la France dans la Classe 39 à l'Exposition de Bruxelles et de la supériorité des produits qui y avaient été envoyés par nos compatriotes.

Plusieurs récompenses ont, en outre, été décernées aux collaborateurs des exposants. La France a obtenu de ce chef : 5 diplômes d'honneur, 4 médailles d'or, 2 médailles d'argent et 1 médaille de bronze. Le nombre de ces récompenses aurait été beaucoup plus considérable si plusieurs exposants n'avaient omis de faire des propositions pour leurs collaborateurs, ou n'avaient présenté leurs propositions trop tardivement pour qu'elles pussent être utilement examinées par le jury.

Le tableau suivant fait connaître la répartition, par nations, des récompenses décernées aux collaborateurs.

Pays.	Diplômes d'honneur.	Médailles d'or.	Médailles d'argent.	Médailles de bronze.	Totaux.
France	5	4	2	1	12
Allemagne	5	3	11	»	19
Belgique	3	»	1	»	4
Italie	»	»	1	1	2
Pays-Bas	»	4	»	»	4
Portugal	»	1	»	»	1
Tunisie	»	1	7	»	8
Totaux	13	13	22	2	50

Enfin il a été alloué aux coopérateurs, au sujet desquels il convient de faire la même remarque que celle présentée ci-dessus pour les collaborateurs, 20 récompenses, dont 18 médailles de bronze et 2 mentions honorables.

Ces récompenses se répartissent de la manière suivante :

1° Médailles de bronze : Allemagne, 7 ; Espagne, 1 ; Belgique, 7 ; France, 3.

2° Mentions honorables : France, 2.

FRANCE

La Classe 39 s'étendait, dans le Palais de l'Agriculture française, sur une surface de 342 mètres carrés. Elle occupait le fond de ce palais, qui avait été heureusement garni, sur une grande hauteur, par les très belles expositions de MM. de Vilmorin, Denaiffe et Boret.

Le Comité d'installation avait tiré le meilleur parti de l'espace concédé qui, malgré son étendue, était encore trop restreint, vu l'importance que présentent en France les produits agricoles alimentaires d'origine végétale.

Céréales. — Parmi ces produits, les céréales tiennent la première place. Les céréales couvrent, en effet, environ 13 millions 800.000. hectares, soit à peu près le tiers du territoire cultivé.

La superficie qu'elles occupent a toutefois une tendance à diminuer depuis un certain nombre d'années, en raison du prix moins rémunérateur de leur culture.

La production moyenne en grains, pendant la période décennale de 1899 à 1908, s'est élevée à 265.915 milliers d'hectolitres pesant environ 172.616 milliers de quintaux.

Les rendements à l'hectare se sont relevés, depuis plusieurs années, par suite des perfectionnements apportés dans les méthodes de culture, mais dans plusieurs régions, où les errements anciens sont encore suivis, les rendements pourraient être sensiblement améliorés. Ils sont en général inférieurs à ceux de l'Angleterre, de la Hollande, du Danemark, de la Suède et de la Belgique.

La France occupe, pour la superficie consacrée à la culture des céréales, le quatrième rang après les États-Unis, la Russie et l'Autriche-Hongrie. Elle se classe également au quatrième rang pour la production, après les États-Unis, la Russie et l'Allemagne.

La superficie consacrée au froment, y compris l'épeautre ou blé vêtu, qui n'est cultivé qu'en très petite quantité dans le Nord-Est, a été, en 1909, de 6.596.240 hectares. La production s'est élevée à 125.521.900 hectolitres pesant 97 millions 752.200 quintaux. Le rendement moyen en hectolitres a été de 19,13 à l'hectare.

En 1907, année qui fut particulièrement favorable à la culture, pour une surface emblavée de 6.577.469 hectares, la production s'est élevée à 132.853.578 hectolitres, avec un rendement moyen en hectolitres de 27,66 à l'hectare.

La surface réservée au méteil, mélange cultural de blé et de seigle, tend à se restreindre à mesure que la culture s'améliore. Elle était, en 1909, de 141.640 hectares ayant donné une production de 2.477.500 hectolitres.

Malgré le chiffre élevé de sa consommation, qui atteint 247 kilos par habitant et par an, notre pays arrive, tout au moins dans les années de bonne récolte, à suffire à ses besoins.

La culture du seigle a une tendance marquée à diminuer en France. On peut voir dans cette décroissance un indice des progrès réalisés par notre agriculture, le seigle étant la céréale des terres pauvres. La superficie occupée par cette culture était, en 1909, de 1.226.980 hectares ayant produit 19 millions 358.600 hectolitres, avec un rendement moyen de 15^{hl},77 à l'hectare.

La Russsie et l'Allemagne produisent cette céréale en quantité beaucoup plus grande que la France.

L'orge reçoit deux emplois bien distincts : l'orge ordinaire, ou fourragère, est employée pour la mouture et pour l'alimentation des bestiaux; l'orge de choix est plus particulièrement destinée à la fabrication de la bière, dont elle est l'élément essentiel, après avoir été transformée en malt.

La culture de cette céréale tend à diminuer en France. Alors qu'elle occupait, en 1892, 916.000 hectares, elle ne s'étend plus, en 1909, que sur 734.410 hectares, et nos exportations sont tombées de 1.316.000 quintaux à 226.475 quintaux.

Parmi les variétés d'orge les plus recherchées il convient de citer plus particulièrement l'orge de Hanna et l'orge de Swalof.

Les orges de l'Auvergne, du Gâtinais, de la Champagne et de la Beauce sont très estimées pour la fabrication de bières de fermentation basse. Les escourgeons de la Beauce, de la Champagne, de la Vendée et du Poitou sont utilisés pour la fabrication des bières de fermentation haute.

La production de l'orge pourrait être beaucoup plus développée, notre climat et notre sol étant très favorables à sa culture. Cette céréale est de plus en plus demandée, en France même, où l'industrie de la brasserie a pris un grand développement et où nous arrivons à fabriquer des bières qui sont aussi goûtées du consommateur que les bières allemandes ou autrichiennes.

D'autre part, l'Angleterre, l'Allemagne, l'Autriche, la Suisse, la Belgique, où la consommation de la bière est plus développée qu'en France, ont une production d'orge inférieure à leurs besoins.

Malheureusement, en raison de l'insuffisance de nos récoltes depuis quelques années, les orges du Chili, de la Californie, de la Saale, du Rhin. du Danube, de la mer Noire, d'Autriche et même celles moins estimées de Smyrne et d'Afrique ont remplacé les nôtres sur les marchés anglais, belges et allemands. Chaque année nos exportations deviennent moins importantes. Nos brasseurs français eux-mêmes sont contraints de demander des orges ou des malts à l'étranger, malgré leur prix plus élevé.

En vue de remédier à cette situation, la Société d'encouragement de la culture des orges de brasserie en France, fondée depuis quelques années, s'est attachée à assurer le développement de cette culture et à l'amélioration de la qualité des orges françaises. On ne saurait trop louer les efforts de cette Société à laquelle le jury a décerné un grand prix, et dont nous reparlerons plus loin.

L'avoine vient, pour l'importance de la culture, immédiatement après le froment. En raison de son peu d'exigence, tant au point de vue du climat que du sol, la superficie qui lui est consacrée tend à s'accroître. Cette céréale occupait, en 1909, 3.926.540 hectares ayant donné une production de 116 millions 708.100 hectolitres à raison de $29^{hl},72$ en moyenne à l'hectare.

Les États-Unis, la Russie, l'Allemagne sont les seuls pays ayant une production plus considérable que la nôtre. L'Algérie et la Tunisie nous fournissent d'ailleurs, chaque année, un appoint important. Pour le surplus, nos principaux fournisseurs sont les États-Unis et la Russie.

Le sarrasin, ou blé noir, n'est plus cultivé en assez grande quantité qu'en Bretagne, en Normandie et dans les régions granitiques du Centre. Sa culture tend à se restreindre. En 1909 elle occupait 500.340 hectares ayant donné une récolte de 8.225.400 hectolitres, avec une rendement moyen de $16^{hl},43$ à l'hectare.

Le maïs, ayant besoin pour mûrir ses graines d'une certaine dose de chaleur et d'humidité, n'est cultivé en grand que dans le Sud-Ouest de la France et dans quelques départements de l'Est.

La superficie totale occupée par la culture du maïs tend à diminuer. Alors qu'elle était, en 1896, de 584.544 hectares, elle n'était plus, en 1909, que de 494,760 hectares ayant donné une récolte de 9.156.200 hectolitres, à raison d'un rendement moyen de $18^{hl},50$ à l'hectare.

Les États-Unis, l'Autriche-Hongrie, le Mexique, l'Italie, la République Argentine, la Roumanie, la Russie, l'Égypte, la Bulgarie et le Canada produisent le maïs en bien plus grande quantité.

La culture du millet en France a peu d'importance. La superficie qui lui a été consacrée en 1909 n'était que de 20.950 hectares ayant donné une récolte de 230.500 hectolitres.

La production des céréales en France est insuffisante pour nos besoins. Nous sommes obligés de nous adresser, chaque année, à l'étranger dans des proportions qui varient suivant le rendement des récoltes. Nos principaux fournisseurs de céréales sont : pour le blé, les États-Unis, l'Australie, la Russie, les Indes, l'Autriche-Hongrie et l'Algérie ; pour l'avoine, les États-Unis, la Russie et l'Algérie ; pour le maïs, les États-

Unis, la République Argentine et la Roumanie ; pour l'orge, l'Algérie et la Russie.

Cultures fourragères. — Les cultures fourragères comprennent : les racines servant à l'alimentation des animaux (betteraves fourragères, rutabagas et navets fourragers, choux fourragers), les prairies artificielles (trèfle, luzerne, sainfoin, graminées) et les fourrages proprement dits (fourrages verts annuels, prés naturels, herbages, pâturages et pacages).

Les superficies consacrées aux cultures fourragères ont pris en France, comme du reste dans toute l'Europe, une extension considérable depuis que l'élevage et l'engraissement du bétail se sont développés. Elles s'étendent actuellement sur plus de 14.000.000 d'hectares se répartissant comme suit :

1° Racines fourragères, 992.000 hectares. Production : 360.148.000 quintaux.

2° Prairies artificielles, 3.272.200 hectares. Production : 138.700.400 quintaux.

3° Fourrages proprement dits, 10.660.400 hectares. Production : 384.105.800 quintaux.

La valeur de cette production atteint la somme énorme de 3.000.000.000 de francs. Dans les années où les conditions climatériques sont favorables, nos ressources fourragères dépassant nos besoins, une partie de notre production est exportée à l'étranger. Ces exportations sont de deux à trois millions de quintaux par an.

Plantes légumineuses. — Les légumineuses (haricots, pois, lentilles, fèves et féverolles) sont vendues soit comme légumes frais, soit comme légumes secs.

Ces cultures, en laissant de côté la production maraîchère, occupent environ 340.000 hectares et représentent une valeur de 100 millions de francs.

Le haricot est cultivé principalement dans la Dordogne, la Haute-Garonne, le Gers et la Vendée ; les pois dans le Nord, la Seine-Inférieure et le Pas-de-Calais ; les lentilles dans la Haute-Loire, l'Aisne, le Pas-de-Calais et la Somme ; les fèves et féverolles dans le Pas-de-Calais et le Nord.

2

La plus grande partie de ces légumes est consommée en France. Pour satisfaire à nos besoins nous sommes obligés de nous adresser à l'étranger et nos importations atteignent environ 49 millions de francs. Nos exportations, qui ont lieu principalement en Angleterre et en Allemagne, sont beaucoup moins importantes, elles atteignent environ 150.000 quintaux représentant une valeur de 5 millions de francs.

Tubercules et Racines. — La pomme de terre, dont on cultive de nombreuses variétés, prospère dans toutes les régions de la France. Elle tient une place importante dans l'alimentation générale. En 1909 la superficie consacrée à cette culture était de 1.547.390 hectares ayant donné une production de 166 millions 844.180 quintaux, d'une valeur de plus de 914 millions de francs.

Les États-Unis, l'Allemagne et la Russie produisent la pomme de terre en bien plus grande abondance.

Nos importations oscillent entre 600.000 et 900.000 quintaux, représentant une valeur de 10 à 12 millions de francs. Notre principal fournisseur est la Belgique (400.000 quintaux environ).

Nos exportations dépassent 2 millions de quintaux, représentant une valeur d'environ 30 millions de francs. Notre meilleur client est l'Angleterre qui absorbe la moitié des produits exportés.

Le topinambour n'est cultivé que sur une étendue de 94.000 hectares donnant 14 millions de quintaux.

Les carottes, panais, raves, turneps couvrent une superficie d'environ 84.000 hectares et leur production est évaluée à 42 millions de francs.

La betterave tient, dans la production agricole de la France, une place importante, non seulement par la superficie qu'elle occupe, mais par l'heureuse influence qu'elle exerce sur les autres cultures de l'assolement et, en particulier, sur celle du blé. Les fortes fumures, les binages répétés, les labours profonds qu'elle exige, en engraissant le sol, en le débarrassant des plantes adventices et en ameublissant la terre, permettent en effet d'obtenir ensuite de meilleurs rendements.

Les statistiques agricoles distinguent ordinairement, tant au point de vue des surfaces ensemencées que des quantités récoltées, les betteraves à sucre et les betteraves de distillerie, mais cette distinction est assez difficile à faire, d'importantes quantités de betteraves sucrières étant envoyées chaque année à la distillerie.

Faisant abstraction de cette distinction et laissant de côté les betteraves fourragères dont il a été parlé plus haut, la culture de la betterave occupait en France, en 1909, une surface de 285.900 hectares ayant donné une récolte 79.232.760 quintaux.

Nos importations dépassent légèrement nos exportations. Mais les unes et les autres donnent lieu à des transactions réduites (30 à 50.000 quintaux pour les importations, 6 à 10.000 quintaux pour les exportations.)

La culture de la betterave sucrière a fait de grands progrès à l'étranger depuis quelques années. Elle couvre en Russie 500.000 hectares, en Allemagne 460.000, en Autriche-Hongrie 300.000, en Belgique 50.000, en Hollande 46.000, en Suède 42.000, en Danemark 16.000. Elle a pris en Italie un grand développement dans la plaine lombarde, où elle occupe 38.000 hectares, et elle gagne du terrain en Espagne depuis la perte de Cuba.

Enfin la betterave commence à être cultivée dans différentes régions des États-Unis, sur 100.000 hectares environ.

Plantes oléagineuses. — Les huiles comestibles sont tirées de la faîne, de la noix, de l'olive, que l'on récolte sur notre sol, et des graines de sésame, d'arachide, de palmiste, de coprah et de coton, qui proviennent de l'étranger.

La production nationale est, d'ailleurs, tout à fait insuffisante pour satisfaire aux besoins de notre consommation et de notre commerce.

L'huile de faîne est extraite des fruits du hêtre, principalement dans les environs de Compiègne (Seine-et-Oise).

Sa production est de peu d'importance.

Le noyer, cultivé dans différentes régions, donne une récolte moyenne de 665.000 quintaux de noix, d'une valeur de 20 millions de francs, dont moitié pour l'huile et moitié pour les fruits consommés en nature.

La culture de l'olivier en France est pratiquée uniquement dans la région méditerranéenne, comprenant les départements suivants : Alpes-Maritimes, Basses-Alpes, Aude, Ardèche, Bouches-du-Rhône, Corse, Drôme, Gard, Hérault, Pyrénées-Orientales, Var et Vaucluse. Elle était autrefois beaucoup plus étendue, mais elle a été, peu à peu, remplacée par des plantations de vignes ou de mûriers, plus rémunératrices. La surface complantée en oliviers, qui était, en 1866, de 152 000 hectares, n'est plus, actuellement, que de 120.000 hectares. De sérieux efforts ont été faits, dans ces dernières années, pour développer cette culture trop abondonnée.

La pratique du gaulage pour la récolte des fruits, très répandue notamment dans le Var et les Alpes-Maritimes, en occasionnant des plaies, favorise le développement des maladies de l'arbre. La cueillette à la main, qui n'occasionne aucun dégât et ne fait pas tomber les brindilles qui porteront les fruits l'année suivante, est, à tous égards, préférable, mais beaucoup plus coûteuse.

La production moyenne des olives, dans le midi de la France, est évaluée à un million de quintaux, représentant une valeur de 21 millions de francs ; le plus souvent on n'obtient d'ailleurs une bonne récolte que tous les trois ans en moyenne.

Les olives sont, soit employées à faire de l'huile, soit confites.

L'huile d'olive comestible présente deux variétés : l'huile *fine* ou *surfine*, dite encore *huile vierge*, obtenue par une première pression à froid ; elle a toujours le goût de fruit ; l'huile *ordinaire*, ou huile *échaudée*, qui est le résultat d'une seconde pression des tourteaux humectés avec de l'eau bouillante. De grands progrès ont été faits depuis quelques années dans la fabrication des huiles d'olive et les produits obtenus sont remarquables par leur pureté, leur finesse, leur couleur et leur limpidité.

Une quantité assez importante d'olives, vertes ou noires, dont il est difficile d'évaluer l'importance, est vendue comme olives de conserve.

La production de l'huile d'olive en France est loin de suffire à nos besoins.

Outre la consommation de bouche, l'industrie des conserves de sardines et de thons, sur les côtes de Bretagne, en réclame, chaque année, 5 millions de kilogrammes. Une quantité importante d'huile d'olive industrielle, qu'on peut évaluer à 6 millions de kilogrammes, sert, en outre, au graissage des machines de la marine et à l'ensimage des laines.

La France importe, chaque année, pour plus de 200.000 quintaux d'huile d'olive. Les principaux pays importateurs sont : l'Italie, 15 à 30.000 quintaux, et l'Espagne, 5 à 8.000 quintaux. L'Algérie, bien en retard encore pour la culture de l'olivier et la fabrication de l'huile, nous envoie pour plus de 80.000 quintaux d'huile d'olive. La Tunisie, où la culture de l'olivier a pris un grand essor, exporte en France une quantité plus forte, de qualité d'ailleurs supérieure, s'élevant de 115 à 158.000 quintaux.

La création de plusieurs établissements français, tant en Tunisie qu'en Espagne ou en Italie, a puissamment contribué d'ailleurs, depuis un quart de siècle environ, à l'extension de la culture de l'olivier dans le bassin méditerranéen.

La France, d'autre part, exporte elle-même, chaque année, de 6 à 8 millions de kilogrammes d'huile d'olive, représentant une valeur de 8 à 10 millions de francs, notamment en Belgique, en Suisse, en Angleterre, en Allemagne, en Autriche-Hongrie, en Roumanie, aux États-Unis et dans les colonies françaises.

Depuis un certain nombre d'années, les huiles de graines étrangères sont venues faire concurrence aux huiles d'olive.

Les huiles de sésame, d'arachide, de coprah ou de coco, de coton sont de plus en plus employées pour l'usage alimentaire, soit pures, soit mélangées aux huiles d'olive. La classe aisée les utilise surtout comme huile blanche à friture, réservant l'huile d'olive pour la salade ; mais la classe ouvrière, aussi bien en France qu'à l'étranger, les emploie à tous usages à cause de leur bon marché.

Ces huiles sont également très demandées par la Belgique et la Hollande, pour la fabrication de la margarine, qu'elles consomment et exportent en grande quantité.

De nombreuses usines, traitant les graines de sésame et d'arachide, se sont fondées en Belgique et en Allemagne, venant concurrencer nos industriels, qui n'ont pu conserver leur clientèle que grâce à la supériorité de leurs produits.

Les graines de sésame nous viennent de Jaffa (Syrie) et de Bombay (Indes anglaises). Celles d'arachide, de Ruffisque (Sénégal). Le fret pour l'apport de ces graines à Anvers ou à Hambourg n'est pas plus élevé que pour leur envoi à Marseille, ce qui rend, vu l'élévation des frais de transport par chemins de fer, nos exportations très difficiles.

Exposants.

Le nombre des exposants français dans la Classe 39, en en exceptant l'Algérie et la Tunisie, dont nous parlerons plus loin, s'élevait à 30, et à 66 si l'on compte les divers membres des collectivités importantes qui y figuraient.

C'est la première fois que, dans une exposition internationale, cette classe avait su grouper un aussi grand nombre d'adhérents.

Les produits exposés se recommandaient d'ailleurs par leur beauté et leur perfection. Le jury en a été particulièrement frappé et il a rendu un juste hommage aux efforts de nos compatriotes, dont 4 étaient classés hors concours comme membres du jury, en leur décernant 14 grands prix, 3 diplômes d'honneur, 4 médailles d'or et 5 médailles d'argent.

Le jury a, d'autre part, accordé aux collaborateurs 5 diplômes d'honneur, 4 médailles d'or, 2 d'argent et 1 de bronze, et aux coopérateurs 3 médailles de bronze et 2 mentions honorables. Le nombre de ces récompenses, ainsi que nous l'avons déjà fait observer dans la première partie de ce rapport, aurait été beaucoup plus considérable si plusieurs exposants n'avaient omis de faire des propositions pour leurs collaborateurs et coopérateurs, ou n'avaient présenté leurs propositions trop tardivement pour qu'elles pussent être utilement examinées par le jury.

EXPOSANTS HORS CONCOURS

LOUIS-DREYFUS et Cie (Grains), 4, Rue de la Banque, Paris.

Fondée en 1850, à Bâle, par M. Léopold Dreyfus, sur des bases modestes, cette maison, après avoir transféré son siège successivement à Berne, à Zurich et enfin à Paris, a pris, depuis 1870, un développement considérable. Elle possède des succursales à Londres, Anvers, Berlin, Marseille, Gênes, Zurich, Barcelone et des comptoirs en Turquie, en Bulgarie, en Roumanie, en Russie, en Sibérie, en Perse, aux Indes, en Argentine, en Australie, etc., soit, en tout, 283 établissements, sans compter les agences, sous-agences, comptoirs, beaucoup plus nombreux encore, comme essaimés autour de chaque installation principale,

La maison Dreyfus a construit, en outre, une véritable flotte, dont les steamers, spécialement aménagés pour le transport des céréales, sont éclairés à l'électricité jusque dans les cales, afin de permettre un travail continu de jour comme de nuit. Elle possède également des appontements ou wharfs, destinés au chargement des navires et des magasins, d'une contenance totale de 200.562.500 quintaux métriques. Enfin, comme suite logique de l'intensité croissante de ses affaires, elle s'est annexé depuis quelques années une maison de banque, en vue de faciliter ses échanges commerciaux.

La maison Louis-Dreyfus avait organisé à Bruxelles un stand renfermant une importante collection de grains, remarquable à tous égards.

UNION DES PROPRIÉTAIRES DE NICE (Huiles d'olive), 7, Place Deffly, à Nice.

Cette Société, dont M. Scavino est actuellement directeur, a été fondée, le 20 décembre 1882, par un groupe de propriétaires de la région niçoise, dans le but de vendre leur production d'huiles aux consommateurs. Elle s'interdit absolument le commerce de toute huile autre que celle d'olive pure.

Les huiles fabriquées dans chaque centre par les propriétaires de l'Union sont transportées à Nice au siège social et conservées dans des « *piles* », caveaux souterrains en briques émaillées, où règne une température constante de 12 à 15 degrés. L'agencement des magasins permet d'entreposer de 7 à 800.000 kilogrammes de marchandises.

La Société possède trois maisons de vente en France : à Paris, à Asnières et à Charenton. Elle exporte ses produits principalement aux États-Unis où elle a installé un comptoir à New-York, en Belgique, en Russie, en Suède, en Norvège, en Allemagne, en Suisse et aux Pays-Bas.

L'Union des Propriétaires de Nice présentait, dans une élégante vitrine, des bouteilles d'huile d'olive pure d'une limpidité parfaite, ainsi que des flacons d'eau de fleurs d'oranger, cette eau constituant également une des spécialités de la maison.

FÉLIX MAYRARGUE (Huiles d'olive), 28, Rue Gioffredo, à Nice.

M. Félix Mayrargue dirige actuellement la maison Joseph Mayrargue, fondée à Nice en 1860. Cette maison, qui vend chaque année pour un million de francs d'huiles d'olive, non seulement en France, mais dans les principaux pays de l'Europe, ainsi qu'en Amérique, exposait des huiles d'olive de Nice, recommandables par leur douceur et leur finesse.

Ajoutons que M. Félix Mayrargue est Président du Syndicat du Commerce des huiles d'olive de Nice.

DE RÉGIS (Huiles d'olive), Maison de Possel fils, à Marseille.

M. de Régis est administrateur de la Maison de Possel, fondée en 1820 à Marseille. La production moyenne de cette maison, qui est destinée pour la plus grande partie à l'exportation, est de deux millions de francs par an.

M. de Régis est Président du Syndicat du commerce des huiles d'olive à Marseille.

GRANDS PRIX

DE VILMORIN, ANDRIEUX et Cie (Graines), 4, Quai de la Mégisserie, Paris.

La Maison de Vilmorin avait organisé une exposition remarquable, tant par la qualité et par la variété des produits présentés que par l'art ayant présidé à son installation ; l'ensemble du stand étant heureusement complété par un panorama représentant un immense champ de blé mûri sous les rayons ardents du soleil.

L'éloge de cette maison, dont la renommée est universelle, n'est d'ailleurs plus à faire.

Fondée à Verrières, au commencement du siècle dernier, pour la production des graines de choix, elle a pris, particulièrement depuis 1870, sous l'habile direction de M. Henry de Vilmorin, un grand développement.

L'établissement de Verrières comprend de vastes constructions, destinées au séchage, au nettoyage et à la manutention des graines, et un enclos cultivé d'une trentaine d'hectares. Les cultures, des plus variées : céréales, plantes de grande culture, légumes, plantes de pleine terre, fleurs diverses, ont pour objet la production de graines sélectionnées avec le plus grand soin. Ces graines sont envoyées chez des cultivateurs de la maison, situés dans différentes régions, où elles sont semées et récoltées sous le contrôle des inspecteurs de la maison. Les terres ainsi ensemencées dépassent 6.000 hectares.

Les récoltes sont envoyées dans de vastes magasins situés à Reuilly et à Massy-Palaiseau. Avant d'être livrées au commerce, un échantillon de chacune d'elles est cultivé à l'établissement de Verrières avec d'autres échantillons de la même race, de manière à contrôler l'exacte conformité des graines. Vingt mille parcelles de terrains, représentant autant de lots de graines, sont affectées à ce contrôle.

Le domaine de Verrières comprend, en outre, des collections

de végétaux vivants du plus haut intérêt, notamment une collection de pommes de terre, commencée en 1815 et comprenant actuellement 800 variétés, et une collection de froments où se trouvent réunies plus de 100 variétés distinctes. Des croisements habiles ont permis d'obtenir de nombreux hybrides, universellement connus aujourd'hui.

La Maison de Vilmorin, Andrieux et Cie exposait une collection importante de céréales (blés, maïs, millets, seigles, orges) et de plantes légumineuses en gerbes et en grains.

Parmi les céréales se trouvaient tous les types des blés les meilleurs qui, à la suite de nombreuses expériences, ont donné les rendements les plus rémunérateurs, notamment les blés hybrides *lamed, dattel, trésor, gros-bleu, grosse tête, Massy*, etc., tous obtenus par la maison Vilmorin. On remarquait également de belles collections de seigles, d'orges, de maïs, de millets, de sorghos, etc., munies d'étiquettes explicatives portant, indépendamment des noms scientifiques et génériques, une indication sommaire de la culture, ainsi que le rendement approximatif à l'hectare.

Dans d'élégantes vitrines se trouvait toute une collection de moulages artistiques de racines, de fruits et de légumes : betteraves, carottes, céleris-raves, choux-navets, oignons, pois, pommes de terre, radis, stachys, topinambours, chicorées à café, etc. Une personne ayant un de ces moulages entre les mains pourrait se faire une idée absolument exacte de l'original représenté, non seulement quant à sa forme et à sa couleur, même dans ses moindres nuances, mais aussi quant à son poids lors de sa pleine mâturité.

Parmi ces reproductions, il convient de signaler spécialement les magnifiques spécimens de betteraves sucrières, qui sont une des spécialités les plus remarquables de la Maison Vilmorin. L'amélioration de la betterave au point de vue de la richesse en sucre, commencée, en 1860, par M. Louis de Vilmorin, a été en effet, depuis lors, l'objet d'études incessantes dans le domaine de Verrières.

Hors concours aux expositions de Hanoï, de Saint-Louis, de Liége et de Saragosse, la Maison de Vilmorin a remporté plusieurs grands prix, à Paris en 1900, à Milan en 1906 et à Londres en 1908, pour ne citer que les expositions les plus récentes.

Le jury lui a décerné de nouveau un grand prix, à Bruxelles, avec ses félicitations.

DENAIFFE ET FILS (**Graines**), à Carignan (Ardennes).

La Maison Denaiffe avait installé une très belle exposition, remarquable non seulement par son importance, mais aussi par sa belle ordonnance et la grande variété de ses riches collections.

Cette maison, fondée en 1810 et qui compte par conséquent maintenant un siècle d'existence, est connue dans le monde entier par les succès qu'elle a obtenus dans les précédentes expositions, parmi lesquels nous nous bornerons à mentionner les grands prix aux expositions universelles de Paris 1900, de Bruxelles 1903, de Saint-Louis 1904 et de Londres 1908. Sa prospérité est le fruit des efforts de trois générations, la direction des établissements s'étant toujours transmise de père en fils. En 1868, M. Clément Denaiffe succédait en effet à son père et, en 1882, il s'adjoignait comme associé son fils M. Henri Denaiffe, le directeur et propriétaire actuel de la maison depuis 1904. Ce dernier s'est d'ailleurs adjoint lui-même, dernièrement, son fils Maurice Denaiffe, qui s'est spécialisé également dans la culture et le commerce des semences.

La Maison Denaiffe possède, à Carignan et à la ferme voisine de Presles qui en dépend, des magasins se développant sur près d'un demi-kilomètre de longueur, cent hectares environ de cultures, de nombreux champs d'expériences, une station agronomique et des collections remarquables formant un musée où se trouve notamment l'herbier authentique de J.-J. Rousseau. Ces divers services ont été complétés par l'établissement d'agences en Angleterre, aux États-Unis, en Russie, ainsi qu'aux colonies anglaises, portugaises et allemandes de l'Afrique du Sud. Plus de 12.000 personnes, chefs de services, employés, représentants, jardiniers, ouvriers, cultivateurs de semences, sont placées sous la dépendance de MM. Denaiffe.

Sans parler de toutes les variétés de graines connues et des nombreuses espèces nouvelles obtenues dans ses cultures, la Maison Denaiffe doit ses plus beaux succès aux spécialités suivantes : graines fourragères très pures, graines pour créations de prairies, céréales à grand rendement, graines maraîchères, graines de fleurs et d'arbres.

Dans le stand installé à l'Exposition de Bruxelles, le jury a particulièrement remarqué les collections suivantes :

180 variétés de blés, parmi lesquelles les blés nouveaux obtenus par MM. Denaiffe : blé rouge de Presles, blé hybride carré géant rouge, blé hybride de Way, blé hybride Travenant, blé rouge de Blanchampagne, blé hybride carré géant blanc, blé hybride Montilleul ;

150 variétés d'avoines, parmi lesquelles les avoines nouvelles obtenues également à Carignan, telles que : avoine noire hâtive à grappes de Michamp, avoine noire à épi compact d'Orchamp, avoine noire Briarde à grappes, avoine blanche inversable à grappes, avoine jaune hybride hâtive d'Yvois;

20 variétés d'orges d'hiver et de printemps ;

7 variétés de seigles d'hiver et de printemps ;

150 variétés de légumineuses fourragères, graminées, plantes industrielles, etc.

En dehors de ces produits, présentés en gerbes et en semences, la Maison Denaiffe avait exposé un grand nombre de moulages de tubercules et de racines ; des tableaux, peintures, aquarelles et photographies d'un grand intérêt ; enfin des herbiers très complets de plantes de grande culture ou de jardins.

MM. Denaiffe ont obtenu de nouveau à Bruxelles un grand prix que le jury leur a décerné avec félicitations.

VICTOR BORET (Graines), à Saumur (Maine-et-Loire).

Fondée en 1894, la Maison Boret a vu son importance grandir chaque année. Ses cultures de graines couvrent une superficie de 1.800 hectares et sont réparties entre environ 950 cultivateurs tant en Anjou, qu'en Hollande, en Italie et au Canada. Cette maison possède : trois jardins d'essais, de contrôle et de vérification d'espèces d'une contenance totale de 5 hectares, avec serres et châssis couvrant 760 mètres carrés ; plusieurs fermes d'une superficie de 34 hectares, où sont préparés les plants destinés à la culture des graines, lesquels sont ensuite distribués aux cultivateurs attachés à la maison et placés sous la surveillance de chefs de culture ; un laboratoire d'essais de semences et d'études ; deux salles de nettoyage de graines, pourvues des appareils les plus modernes, de décuscuteurs, tarares américains, cribles bobys ; de magasins, dépôts et séchoirs couvrant 8.500 mètres carrés à Saumur et 2.540 mètres carrés à Loudun (Vienne).

Dans un stand très élégant M. Boret avait exposé :

1° Une collection très complète de blés, avoines et plantes fourragères diverses (lotiers, luzerne, millets, minettes, sainfoins, trèfles, etc.) présentées en gerbes.

2° Une collection de 1.600 variétés de graines potagères, fourragères et de fleurs.

3° Une collection de 30 espèces des principales graminées généralement employées pour la constitution des prairies et pâtures, disposées de façon à laisser à la plante son aspect naturel et à en permettre très facilement l'étude.

4° Une collection de nombreux tableaux photographiques, exécutés dans l'atelier spécial de la maison, représentant en grandeur naturelle des plantes potagères et fourragères.

5° Enfin, toute une collection de moulages en plâtre, exécutés et peints d'après nature, de plantes potagères et fourragères telles que : betteraves, carottes, navets, oignons, panais, poireaux, choux-fleurs, radis, asperges, courges, potirons, choux-navets, tomates, céleris, choux-raves etc.

PIERRE-AUGUSTE RICOIS (Agriculteur), à Moresville (Eure-et-Loir).

M. Ricois est propriétaire, à Moresville, d'un domaine de 470 hectares et de plusieurs fermes. Depuis vingt-cinq ans il a entrepris des expériences continues en vue de déterminer les variétés de céréales s'adaptant le mieux au climat et à la nature du sol. Son champ d'expériences et de démonstration comprend 80 variétés de blés, 20 variétés d'avoines, 12 d'orges et 120 de pommes de terre.

Le jury a tout particulièrement admiré les produits obtenus sur ce domaine dont la mise en valeur présentait de grandes difficultés.

Rappelons que M. Ricois avait précédemment obtenu, en récompense de ses efforts : une médaille d'or à Paris en 1900, un diplôme d'honneur à Liége en 1905, un grand prix à Milan en 1906 et à Londres en 1908.

SOCIÉTÉ D'ENCOURAGEMENT DE LA CULTURE DES ORGES DE BRASSERIE EN FRANCE. — Président M. **KREISS**, 22, Avenue de Wagram, Paris.

Cette Société, fondée en 1903 en vue de l'amélioration de la qualité des orges françaises, s'est attachée à sélectionner les orges indigènes, à procéder à des essais d'acclimatation de variétés nouvelles et à propager toutes les variétés susceptibles de donner satisfaction à l'industrie de la brasserie qui a pris, depuis quelques années, un grand développement dans notre pays.

La Société exposait 18 échantillons d'orge de brasserie provenant de différentes régions de la France, accompagnés d'analyses botaniques et chimiques. Elle a présenté en outre, aux membres du jury, un ouvrage intitulé : « L'amélioration des crûs d'orge », publié spécialement à l'occasion de l'Exposition de Bruxelles, par son botaniste, M. Blaringhem, chargé du cours de biologie agricole à la Sorbonne.

CAMILLE WEIL (Malteur), à Toury (Eure-et-Loir).

M. Camille Weil a repris en 1883 l'établissement de Brasserie et de Malterie fondé en 1840 par M. Mursch. En 1900 il créait à Toury (Eure-et-Loir) une maison spécialement chargée de l'achat et de la sélection des graines de brasserie. Depuis 1902 il a abandonné la brasserie pour s'occuper exclusivement du commerce des graines crues et maltées.

M. Weil présentait des malts d'escourgeons de Beauce, de

Champagne, de Vendée ; des malts d'orge de Beauce, du Gâtinais et de Champagne, ainsi qu'une collection d'orges sélectionnées pour la brasserie.

L'attention du jury a été spécialement appelée sur la pureté et la composition chimique des grains exposés qui permettent d'obtenir des malts à qualité fixe, en vue de la fabrication de bières d'un goût déterminé.

LOUIS BRUNEHANT (Fabricant de sucre), à Pommiers (Aisne).

M. Brunehant exposait des échantillons remarquables des variétés de céréales choisies parmi celles qui, dans la région de Pommiers, donnent en culture les meilleurs résultats : blés Japhet, Trésor, Dattel, Bordier, Bon fermier, Rouge hâtif inversable, Rouge de Bordeaux ; avoines de Sigowo et grise de Beauce. Cette exposition était complétée par des tableaux de comptabilité, résumant toutes les dépenses effectuées pour chaque genre de récolte, afin d'en faire ressortir exactement le prix de revient. Un graphique indiquait, d'autre part, la production du sucre de canne et de betterave en Europe et aux colonies depuis 1870 jusqu'à l'année courante ; il faisait ressortir, en même temps, la consommation mondiale, les prix mensuels et les stocks de ce produit à la fin de chaque année.

M. Brunehant avait déjà obtenu un grand prix à l'Exposition de Liége en 1905.

MAURICE LAMBERT (Fabricant de sucre), à Toury (Eure-et-Loir).

Les produits exposés par M. Lambert consistaient en sucres bruts, en mélasses et en divers échantillons d'un fourrage mélassé, *le Païl'Mel*, fabriqué dans une usine spéciale annexée à l'importante sucrerie de Toury. Cette exposition était complétée par une intéressante collection de photographies de la sucrerie.

Le Païl'Mel, qui a retenu longuement l'attention du jury, est une paille mélassée employée avec le plus grand succès dans l'alimentation du bétail. Cette utilisation pratique des mélasses a fait l'objet de nombreuses recherches. M. Lambert étudia et fabriqua d'abord des mélanges de mélasse avec les petits blés concassés, les tourteaux broyés, les coques d'arachide moulues, les sons, les issues, la tourbe, etc. Il dut abandonner ces mélanges, les matières employées n'offrant pas un pouvoir absorbant suffisant pour la mélasse ou ne présentant pas des garanties nécessaires pour la livraison régulière d'un produit offrant toute garantie. C'est ainsi que, par élimination, M. Maurice Lambert fut amené à s'occuper des mélanges de paille et de mélasse. En opérant à 110° dans des mélangeurs à enveloppe de vapeur et en faisant subir une dessiccation au produit, par un courant d'air chaud, il est parvenu à faire absorber à la paille hachée, préalablement stérilisée à haute température, plus de 150 p. 100 de son poids de mélasse, tout en obtenant un produit sec d'un emploi facile.

Des études faites par MM. Garola et Grandeau il résulte que la valeur nutritive du païl'mel ainsi obtenu est voisine de celle de l'avoine. Aussi l'emploi de ce produit dans l'alimentation du cheval et du bétail s'est-il rapidement répandu. M. Lambert s'est d'ailleurs attaché à préparer lui-même et à livrer aux agriculteurs, non seulement le païl'mel proprement dit, mais des mélanges à base de païl'mel formant un aliment complet pour le bétail. C'est ainsi qu'il a créé le *païl'mel avoine* pour les chevaux, le *païl'mel azote* pour tout bétail et le *païl'mel-lacto* pour vaches laitières.

Depuis sa création comme annexe à la sucrerie de Toury, en 1901, l'usine du *Païl'mel* a eu une production de 93 millions 154.584 kilogrammes. Elle a employé pour la fabrication du nouveau produit 55.222.297 kilogrammes de mélasses, extraites de 1.227.150.000 kilogrammes de betteraves à raison de 4kg.500 de mélasse par 100 kilogrammes de betteraves, c'est-à-dire qu'elle a absorbé la récolte de 45.450 hectares de betteraves à 27.000 kilogrammes l'hectare.

Elle a utilisé, d'autre part, 37.261.000 kilogrammes de paille de blé correspondant à la récolte de 12.240 hectares de blé, à raison de 3.000 kilogrammes à l'hectare.

Enfin, la production totale du *Païl'Mel*, depuis la fondation de l'usine en 1901, représente 1.863.092 sacs de 50 kilogrammes, soit la charge de 18.631 wagons.

On voit, par ces simples chiffres, quelle a été l'importance de la création de M. Maurice Lambert et quelles heureuses conséquences elle a eues pour l'agriculture française.

M. Lambert avait déjà vu antérieurement ses efforts récompensés par une médaille d'or à Milan en 1906 et par un diplôme d'honneur à Londres en 1908.

AUGUSTE GAILLARD et FILS (Huiles), à Marseille.

Cette importante maison, fondée en 1871 à Salon, installa en Tunisie, dès le début de l'occupation française, à Sousse, M'Saken Djemal, Mokenine, Monastir, Mahdia, des usines à vapeur avec presses hydrauliques et appareils nouveaux d'épuration pour débarrasser, dès sa sortie de la presse, l'huile d'olive des matières mucilagineuses qu'elle entraîne.

Grâce aux efforts de M. Auguste Gaillard, la culture de l'olivier, qui était entièrement négligée et ne donnait que des olives sauvages avec gros noyaux, se transforma complètement dans la région du Sahel tunisien, à tel point que les huiles d'olive de Tunisie ont remplacé presque totalement aujourd'hui les huiles italiennes sur le marché français.

Depuis lors, la Maison Auguste Gaillard, en raison du développement de ses affaires, a transporté son siège à Marseille. Elle possède maintenant de nombreux comptoirs dans les pays de production et, depuis une dizaine d'années, elle a installé des succursales en Espagne : à Cordoue, Séville et Malaga. La succursale de Malaga produit principalement de l'huile d'olive industrielle qu'elle exporte en Amérique, dans les ports du nord de l'Europe et en Angleterre.

M. Auguste Gaillard exposait des huiles d'olive en estagnons et en bouteilles, se recommandant par leur finesse et leur parfaite clarification.

Cette maison avait précédemment obtenu une série de grands prix, à Paris en 1889 et en 1900, à Chicago en 1893, à Liége en 1905.

J. et H. GARRES-FOURCHÉ (Huiles), à Bordeaux.

La Maison Garres-Fourché, fondée en 1760, est une des plus anciennes de Bordeaux. En raison de l'importance croissante de ses affaires, elle a créé depuis longtemps, pour ses approvisionnements et aussi pour certaines expéditions directes, une succursale à Nice, avec de vastes entrepôts où les huiles sont mises en piles au moment de la récolte. Elle possède également des succursales en Italie, à Rivière de Gènes et à Bari pour ses achats d'huiles de qualité surfine, destinées à la conserve des sardines. Elle exporte principalement ses produits aux États-Unis, à New-York, Boston, Philadelphie, San-Franscisco, etc.

Membre du jury et hors concours en 1900, titulaire d'un grand prix aux expositions de Saint-Louis 1904, Liége 1905, Milan 1906 et Londres 1908, M. Garres-Fourché, qui exposait à Bruxelles des huiles d'olive remarquables par leur finesse et leur pureté, ainsi que des olives confites, a remporté de nouveau la plus haute récompense.

COLLECTIVITÉ DES COOPÉRATIVES OLÉICOLES (Huiles d'olive).

Cette exposition collective, organisée par les soins du service de l'oléiculture, dépendant du Ministère de l'Agriculture, groupait les échantillons des huiles des 17 coopératives oléicoles actuellement existantes dans les départements des Alpes-Maritimes, du Var et des Bouches-du-Rhône, savoir :

1° Alpes-Maritimes : coopératives de Cabris, de Gillette, de Grasse, de Levens, de Saint-Jean-la-Rivière.

2° Var : coopératives d'Entrecasteaux (La Solidarité), de Cotignac (La Travailleuse), de Flayosc, de Montfort-sur-Argens (La Montfortaise), de Cuers (La Cuersoise), de Montfort-sur-Argens (Syndicat agricole), de la Roquebrussanne, de Soliès-Toucas.

3° Bouches-du-Rhône : coopératives de Berre, de Lambesc, de Codoux.

Ces associations groupent plus de 1.500 oléiculteurs. En

année de production, leur récolte totale représente plus de 500.000 kilogrammes d'huile. Aménagées et outillées suivant les derniers perfectionnements de la technique oléicole moderne, ces coopératives de fabrication et de vente permettent à leurs adhérents de retirer le maximum de profit de leurs récoltes. Les huiles de qualité obtenues dans ces moulins coopératifs trouvent un large et avantageux écoulement soit dans le commerce, soit directement auprès du consommateur.

Cette intéressante collectivité avait précédemment obtenu à l'Exposition de Londres, en 1908, un diplôme d'honneur.

SERVICE DE L'OLÉICULTURE (Ministère de l'Agriculture).

Ce service, dont la mission est de travailler au relèvement de l'industrie oléicole en France, avait exposé, sous les soins de son distingué directeur, M. Chapelle, divers documents des plus intéressants, parmi lesquels nous citerons : une carte de la zone de l'olivier en France, des graphiques du mouvement des huiles en France pendant une période de quatre-vingts ans (importations et exportations), des vues de nombreuses oliveraies et de moulins à huile, des plans et des devis de moulins à huile perfectionnés, destinés à servir de modèle aux installations coopératives en voie de formation.

SYNDICAT DU COMMERCE DES HUILES D'OLIVE DE NICE,
à Nice (Alpes-Maritimes).

Le Syndicat du commerce des huiles d'olive de Nice, union de négociants en gros, dont le président est actuellement M. Félix Mayrargue, a été fondé en vue de développer la vente des huiles d'olive en France et à l'étranger. Il encourage la culture de l'olivier dans les Alpes-Maritimes en organisant des concours de taille des arbres et de bonne tenue des oliveraies.

Ce syndicat avait organisé une exposition collective à laquelle participaient plusieurs de ses membres. Les produits présentés se recommandaient par leur douceur et leur finesse.

SYNDICAT DU COMMERCE DES HUILES D'OLIVE, à Marseille.

Fondée en 1901, à Marseille, cette association, qui groupe une soixantaine de maisons, a pour principal objet de défendre les intérêts généraux du commerce des huiles d'olive et de fournir à ses membres tous les renseignements utiles à leur commerce.

Ce syndicat, qui avait précédemment obtenu, en 1906, un grand prix à l'Exposition coloniale de Marseille, présentait un ensemble remarquable des produits de ses divers membres.

DIPLOMES D'HONNEUR

DEBENEDETTI (Huiles d'olive), 25, Boulevard Carabacel, Nice.

M. Debenedetti s'est particulièrement attaché à obtenir une fabrication impeccable. Le choix et la cueillette des olives, le pressurage sur place, afin d'éviter la fermentation, sont l'objet de tous ses soins. Sa maison possède cinquante-deux piles, immenses réservoirs en ciment armé recouverts de briques vernies, dont quelques-uns ont une capacité de 20.000 litres, où l'huile se repose avant d'être transvasée, opération qui se répète plusieurs fois avant le raffinage et l'épuration. Tout un système de tuyautage facilite ces transvasements à l'abri du contact de l'air, de la poussière et de la lumière.

Grâce à ces dispositions et à un filtre particulier dû à son invention, M. Debenedetti arrive à obtenir une huile parfaitement claire, limpide et du meilleur goût. Cette huile est expédiée non seulement en France, mais à l'étranger, et plus particulièrement en Amérique.

PAUL MICHONNEAU (Huiles), à Arras (Pas-de-Calais).

M. Paul Michonneau a repris, en 1898, la maison H. de Bray, fondée à Arras en 1870, et lui a donné une impulsion remarquable.

Son exposition comprenait des spécimens des graines oléagineuses importées, que l'on travaille le plus couramment dans le nord de la France, ainsi que des échantillons des huiles comestibles plus particulièrement recherchées par la clientèle belge.

M. Michonneau avait précédemment obtenu une médaille d'or à l'Exposition de Liége en 1905.

RAYBAUT, RIVA et Cie (Huiles d'olive), à Nice.

Fondée en 1899, cette maison possède à la Roquette-sur-Var (Alpes-Maritimes) plusieurs moulins pour le pressurage des olives, et, à Nice, un établissement pour l'emmagasinage, le raffinage et l'expédition des huiles tant en France qu'à l'étranger. Les huiles d'olive exposées se recommandaient par leur pureté et leur bon goût.

MÉDAILLES D'OR

PIERRE FOURNIER et Cie (Grains, Fourrages), 10, Rue Frémicourt, Paris.

M. P. Fournier, qui a repris la Maison Grandin, fondée en 1834 à Paris, avait exposé des grains divers de Brie, de Bretagne et du Nord (avoines grises, noires ou blanches, orges indigènes, etc.), des grains importés d'Algérie, de Tunisie et du Tonkin (avoines, orges, maïs jaunes et blancs), des pailles mélassées pour le bétail, contenant de 26 à 28 p. 100 de sucre, enfin des fourrages pressés pour l'exportation (foins et luzernes du Limousin, des Pyrénées et des Alpes), que le jury a tout particulièrement remarqués.

Cette maison avait été précédemment hors concours, comme membre du jury à l'Exposition universelle de Paris en 1889.

ANTOINE VIAL (Huiles), à Marseille.

M. Vial présentait des huiles d'olive de Provence en bouteilles, estagnons et bonbonnes, d'une fabrication particulièrement soignée.

M. LAMILHAU (Huiles), à Salon (Bouches-du-Rhône).

Produits exposés : Huiles d'olive et olives de table de la région de Salon.

SYNDICAT NATIONAL DE DÉFENSE DE L'OLÉICULTURE (Huiles), 34, Rue de Lille, Paris.

Créé en 1907, ce Syndicat a pour objet : la défense des intérêts généraux de l'oléiculture française, la répression des fraudes sur les huiles d'olive, l'étude des parasites de l'olivier, la création de champs d'expériences, l'organisation de coopératives oléicoles. Il exposait des échantillons d'huile d'olive de ses adhérents. Le Syndicat de défense de l'oléiculture avait déjà obtenu une médaille d'or à l'exposition de Londres en 1908.

ALGÉRIE

Le Gouvernement de l'Algérie avait installé, à l'Exposition de Bruxelles, un élégant palais élevé au milieu des divers pavillons si remarquables des colonies françaises.

L'Algérie étant principalement un pays de production agricole, l'agriculture occupait, dans ce palais, la place la plus importante. La Classe 39, notamment, était particulièrement bien représentée. Le nombre des exposants dans cette classe, en comptant les exposants individuels, les collectivités (sociétés, syndicats ou comices) et les membres participants de ces collectivités, dépassait cinq cents.

Ce chiffre élevé s'explique suffisamment par l'importance que présente, pour l'agriculture algérienne, les divers produits rentrant dans la classe 39. Parmi ces produits il convient de signaler spécialement les céréales, les olives et les primeurs.

Céréales. — Les céréales constituent la culture dominante. Elles couvrent une étendue de 2.940.000 hectares, produisant en moyenne 20 millions de quintaux, qui représentent une valeur d'environ 300 millions de francs. Le progrès des méthodes culturales permettra d'obtenir un rendement supérieur, qu'on peut évaluer à 30 ou 35 millions de quintaux.

Les deux céréales les plus cultivées sont le blé et l'orge.

Le blé occupe environ 1.400.000 hectares, dont 230.000 pour le blé tendre et 1.170.000 pour le blé dur.

Le blé tendre, qui se plaît surtout dans les terrains calcaires ou siliceux, est plus particulièrement cultivé dans le département d'Oran, notamment à Sidi-bel-Abbès et à Mostaganem, dans la région de Philippeville et dans la Mitidja. Son cours se maintient entre 20 et 23 francs le quintal.

Le blé dur algérien rivalise avec les marques les plus réputées de la Russie méridionale. Les régions de Médéa, les plateaux de Sétif, la plaine du Chéliff produisent les plus beaux semouliers du monde. L'industrie des pâtes alimentaires et des biscuits, qui a pris un grand développement en France, depuis quelques années, assure à cette céréale un débouché important. Aussi son cours se mantient-il entre 18 et 22 francs le quintal.

L'Algérie a exporté, en 1909 1.215.604 quintaux de blé représentant une valeur de plus de 29 millions de francs.

L'orge est la céréale la plus cultivée ; la superficie qui lui est consacrée atteignait, en 1909, 1.383.000 hectares. La seule variété qui réussisse est l'escourgeon ou orge d'hiver.

Les indigènes lui consacrent 1.206.000 hectares et consomment la presque totalité des 8.225.000 quintaux qu'ils produisent, cette céréale servant à la fois à l'alimentation des personnes et à celle du bétail.

Au contraire, la plus grande partie de la récolte des colons, s'élevant à 2.179.000 quintaux, est destinée à l'exportation. Les qualités de choix sont très recherchées pour la brasserie en France, en Belgique et en Angleterre ; aussi cette culture semble-t-elle appelée à un grand avenir.

Les autres céréales qu'on rencontre en Algérie sont l'avoine, le maïs, le bechna, le seigle et le millet.

L'avoine progresse d'une manière constante. La superficie qui lui est consacrée est passée de 44.000 hectares, en 1889, à 163.000 hectares en 1909, donnant une production de 1 million 931.000 quintaux. La variété la plus cultivée est l'avoine blanche d'hiver, qui croît dans les plaines du littoral. L'avoine grise se plaît, au contraire, dans les hauts plateaux. Les cours varient de 12 à 15 francs le quintal.

La France important en moyenne, chaque année, 1 million de quintaux d'avoine, cette céréale peut trouver dans notre pays un large débouché.

Le maïs occupe environ 15.000 hectares, avec une production moyenne de 115.000 quintaux.

Le bechna ou sorgho noir, qui sert à l'alimentation de l'indigène, couvre 23.000 hectares donnant 188.000 quintaux.

Le millet et le seigle sont peu cultivés ; 2.000 hectares sont consacrés au premier, et 300 hectares seulement au second.

Cultures arbustives. — L'olivier croît spontanément en Algérie dans presque toutes les régions, mais il se plaît plus particulièrement sur les collines d'une altitude de 300 à 600 mètres.

Sa culture s'est considérablement développée depuis quelques années, notamment dans la Kabylie et la Grande Kabylie.

D'après les dernières statistiques le nombre des oliviers en rapport atteignait 6.783.700 et fournissait environ 549.918 hectolitres d'huile. La multiplication se fait par bouturage, les arbres étant espacés de 10 mètres, ce qui donne une centaine d'arbres à l'hectare.

Les plantations, composées autrefois presque exclusivement d'espèces inférieures, se sont grandement améliorées dans ces dernières années, de même que les procédés de fabrication de l'huile, sans atteindre encore, toutefois, la perfection qu'on rencontre en Tunisie.

La pratique de la récolte à la main des olives, en usage dans ce dernier pays, tend également à se substituer, en Algérie, à celle du gaulage, toujours dangereuse pour les arbres.

La France consommant tous les ans, en sus de sa production propre, une moyenne de 9 à 10 millions de kilos d'huile d'olive, dont 3 à 4 millions proviennent de l'étranger, on voit que des débouchés importants pourront s'ouvrir dans la Métropole aux huiles d'olive d'Algérie et de Tunisie, sans compter les marchés de l'Europe ou de l'Amérique, où elles pourront trouver également une clientèle nombreuse. En 1908, il a été exporté d'Algérie à destination de la France 94.448 quintaux d'huile d'olive et, à destination de l'étranger, 14.955 quintaux. Les meilleurs clients de l'Algérie sont, à ce point de vue, la Belgique, les Pays-Bas, l'Angleterre et l'Allemagne.

Indépendamment de la fabrication de l'huile, l'industrie des conserves d'olives a pris, depuis quelques années, un certain développement. Les variétés le plus intéressantes à ce point de vue sont d'abord les grosses olives indigènes, l'Adjeraz, le

Bouchouk, l'olive de Tlemcen, la Tefah et l'olive de Lucques, qu'on rencontre à Aïn-Téledès.

Le plus souvent, les olives confites sont des olives vertes, non encore parvenues à l'état de maturité.

Il est regrettable que la fabrication des conserves d'olives noires, mûres ou demi-mûres, plus tendres et plus digestives, ne soit pas plus développée, les olives noires étant les plus demandées, non seulement en Algérie, mais dans le midi de la France, ainsi que, d'une façon générale, en Europe et en Amérique.

Les figuiers, dont les plus beaux spécimens se rencontrent dans la Kabylie, sont, après les oliviers, la principale culture fruitière de l'Algérie. Cette colonie a exporté, en 1909, 75.792 quintaux de figues.

Le dattier est la grande richesse des oasis sahariennes ; on en rencontre près de 3 millions de pieds et l'exportation s'est élevée en 1909 à 37.127 quintaux.

Les orangers, les mandariniers, les citronniers, les cédratiers les bananiers, les grenadiers, les amandiers occupent également une place importante.

Primeurs et légumes. — La culture des primeurs est une des grandes ressources du littoral, au voisinage des ports.

La pomme de terre est cultivée surtout en vue de l'exportation. Elle occupe 15.000 hectares produisant 500.000 quintaux. La variété la plus répandue est la pomme de terre de Hollande ou « Royale Kidney ». Elle atteint, au commencement du printemps, sur les marchés de France, 25 à 40 francs le quintal.

La « saucisse rouge », variété d'arrière-saison, expédiée en petite quantité à Marseille, est principalement destinée à la consommation locale.

Sous la dénomination de légumes frais, l'Algérie exporte, surtout comme primeurs, des haricots verts, des petits pois, des artichauts et des tomates. Cette exportation a doublé en quatre ans. Elle a été, en 1909, de plus de 186.000 quintaux.

Les variétés de haricots les plus recherchées sont : le noir ordinaire, la mouche à l'œil, le flageollet noir à longues cosses.

Les prix sont très variables ; ils atteignent, à Paris, qui est le marché le plus important, 200 à 250 francs les 100 kilos. La production est, en moyenne, de 21.000 quintaux.

Les petits pois atteignent une production annuelle plus élevée et qu'on peut estimer à 55.000 quintaux. Les principales variétés cultivées comme primeurs sont : le Prince Albert, la Merveille d'Amérique et la Merveille d'Angleterre. Les prix, à Paris, Lyon et Marseille, varient de 50 à 75 centimes le kilo.

L'artichaut pour l'exportation est cultivé aux environs d'Alger, principalement le gros vert de Laon et le violet hâtif de Provence.

La culture de la tomate n'a commencé à prendre de l'importance que depuis quelques années seulement. Les prix de vente en France varient de 90 à 160 francs les 100 kilos.

Les légumes secs prennent sans cesse, en Algérie, une plus grande importance. La culture la plus répandue est celle des fèves, qui occupent 30.000 hectares, avec une production moyenne de 220.000 quintaux.

Les colons cultivent de préférence la grosse fève (fève violette dite mahonnaise, fève des marais, fève julienne, fève de Windsor) et les indigènes plutôt la petite fève (fève de Mascara).

Exposants.

Le nombre des exposants, comme nous l'avons dit plus haut, s'élevait à 515, en comptant les exposants individuels, les collectivités et les membres participants de ces collectivités.

L'effort fait par les sociétés, syndicats ou comices mérite d'être signalé. Ces diverses associations présentent, en effet, une grande importance pour le développement économique de notre colonie. Elles permettent, grâce au groupement des produits d'une région, d'en certifier la qualité et d'en faciliter la vente par la recherche de marchés nouveaux.

Le jury à particulièrement remarqué les nombreux échantillons de blé tendre, de blé dur, d'orge et de maïs exposés tant par les particuliers que par les collectivités. Les huiles d'olive, dont la fabrication, grâce à l'introduction en Algérie de procédés nouveaux, tend à devenir de plus en plus perfectionnée, ont également tout spécialement retenu son attention. Cette branche de la production agricole se développe sans cesse et le nombre des moulins à huile existant actuellement peut être évalué à 4.500 ou 5.000.

Les récompenses décernées, tant par leur nombre que par leur importance, témoignent d'ailleurs suffisamment de l'excellence des produits exposés. Le jury a en effet décerné, dans la Classe 39, aux exposants de l'Algérie : 10 grands prix, 10 diplômes d'honneur, 99 médailles d'or, 102 médailles d'argent, 129 médailles de bronze et 149 diplômes de mention honorable, soit au total 499 récompenses.

EXPOSANTS HORS CONCOURS

Borg (Félix), négociant à Bougie (département de Constantine). — Huiles d'olive.

Bouscasse (Fernand), propriétaire à Bougie (département de Constantine). — Huiles d'olive.

Carrafang, propriétaire à Saïda et à Mascara (département d'Oran). — Céréales, blé dur, orges de brasserie.

Clouet des Perruches (Paul), propriétaire, à Medjez-Amar (département de Constantine) d'un domaine de 2.400 hectares comprenant plus de 30.000 oliviers greffés et des terres arables. M. Clouet des Perruches exposait des huiles d'olive fabriquées dans son domaine et des céréales : blé, orge, avoine, provenant de ses cultures.

Compagnie Algérienne, à Aïn-Regada (département de Constantine). Cette Société a pour objet de mettre en valeur les terres qu'elle possède en Algérie et de favoriser le développement de la colonisation. Ses domaines couvrent

112.229 hectares, dont 75.844 hectares sont exploités directement par ses soins. Elle a réalisé sur ses terres de nombreuses installations, améliorations, plantations et cultures de tous genres.

La Compagnie Algérienne exposait des céréales (blé dur, semoulier connu sous le nom de blé Hadjini, orge de brasserie) et des huiles d'olive.

Récompenses antérieures : Médaille d'or à l'Exposition de Paris 1889. Grand Prix à l'Exposition de Paris 1900. Grand Prix à l'Exposition de Liége (1905).

CONQUY (GASTON), négociant, propriétaire à Mustapha supérieur (département d'Alger).

M. Conquy, qui a créé de nombreux comptoirs tant en Algérie qu'en Tunisie, exporte chaque année pour plusieurs millions de marchandises. Il exposait à Bruxelles des céréales, notamment des blés durs et des orges de brasserie. Récompenses antérieures. Médaille d'or et médaille d'argent à l'Exposition de Londres (1908).

LAVIE ET Cie, propriétaires à Guelma (département de Constantine). — Céréales (orges de brasserie, blé dur) et huiles d'olive.

TROTIN (ALBERT), propriétaire du domaine de Hamisa, à Arzew (département d'Oran). — Céréales (orges et blé dur).

GRANDS PRIX

Mme VEUVE A. BELON, huiles d'olive, Saint-Denis-du-Sig (département d'Oran).

Fondée en 1894 par M. A. Belon, la « Grande huilerie de l'Oued-Sig » est actuellement exploitée par Mme Belon. Elle comprend un moteur à vapeur, deux broyeurs système Coq, huit presses à vapeur et deux presses hydrauliques pressant à 235.000 kilos, et des magasins pouvant contenir 235.000 kilos d'huile.

Les huiles sont épurées par des filtrages dans des couches de coton cardé et dans des feuilles d'un papier spécial.

Le jury a reconnu l'excellence des huiles d'olive vierges garanties pures exposées par Mme Belon, ainsi que des conserves d'olives noires qui sont une spécialité de la maison.

Récompenses antérieures : Médaille d'argent Paris 1900. Médaille d'or Liége 1905. Diplôme d'honneur Londres 1908.

Ben-Ali-Chérif, propriétaire à l'Azib-ben-ali-Chérif, à Akbou (département de Constantine). — Huiles d'olive.

Avait déjà obtenu précédemment à Londres, en 1908, un diplôme de grand prix.

MM. Berr frères (Paul et René), propriétaires à Oran. — Produits exposés : céréales et plus spécialement des blés durs et des orges de brasserie de première qualité, très recherchées en Belgique. — MM. Berr frères avaient déjà obtenu un grand prix à Liége en 1905.

Comice agricole de Bougie (département de Constantine). — Ce comice, qui avait obtenu à l'Exposition de Liége en 1905 un diplôme d'honneur, groupait les produits d'une vingtaine de ses adhérents.

Produits exposés : céréales (blés durs, orges de brasserie) et principalement de nombreux échantillons d'huile d'olive.

Comice agricole de Guelma (département de Constantine). — Ce comice, qui avait obtenu à Liége en 1905 une médaille d'or, groupait également les produits provenant des domaines de ses adhérents : huiles d'olive, céréales (orges de brasserie, blé dur), fèves et pois chiches.

Comice agricole de Sétif (département de Constantine). — Fondée en 1877, cette société comprend aujourd'hui 150 membres participants, européens et indigènes. Elle s'est attachée surtout à développer les meilleures méthodes culturales et l'emploi des instruments agricoles les plus perfectionnés. Elle a, en outre, créé un champ d'expériences de

5 hectares où, depuis vingt-cinq ans, ont été poursuivies les plus utiles démonstrations.

Produits exposés : céréales provenant des récoltes des adhérents, notamment des blés durs et des orges de brasserie.

Ce comice avait obtenu précédemment une médaille d'or à l'Exposition de Liége en 1905 et un grand prix à l'Exposition de Londres en 1908.

Comice agricole de Souk-Ahras (département de Constantine).

Ce comice, qui avait déjà obtenu à Liége en 1905 un grand prix, avait organisé, sous la direction de son Président, une très belle exposition de céréales diverses (orges de brasserie, blés durs, seigles, maïs) présentées par cinq de ses membres.

MM. Lavie (Alfred et Cie), propriétaires à Constantine, exposaient des huiles d'olive remarquables par leur pureté et leur finesse.

MM. Lavie et Cie avaient déjà obtenu un grand prix à Paris en 1889 et avaient été mis hors concours comme membres du jury à Paris en 1900.

Pavillon de l'Algérie. — Le jury a décerné un grand prix au Pavillon de l'Algérie pour l'ensemble remarquable de ses expositions de céréales et d'huiles d'olive.

Syndicat des colons d'Akbou, à Akbou (département de Constantine).

Ce syndicat a été fondé en vue de réprimer les fraudes qui étaient particulièrement préjudiciables au commerce des huiles d'olive de Kabylie. Il a apporté, en même temps, des améliorations notables dans la culture des oliviers et dans la fabrication de l'huile, en favorisant le remplacement des anciennes presses à bras par des presses hydrauliques ou, tout au moins par des presses à mouvement continu et à grande pression. Cette association, représentée par

20 exposants, avait envoyé à Bruxelles des huiles d'olive qui se faisaient apprécier par la finesse de leur goût.

Le Syndicat des colons d'Akbou avait également obtenu à l'Exposition de Liége en 1905 un grand prix.

DIPLOMES D'HONNEUR

BEN DAOUD (Colonel), propriétaire à Oran.

Produits exposés : Céréales, blés durs et orges.

MM. COSMAN et Cie, à Mostaganem (département d'Oran).

Produits exposés : Céréales, blés durs et orges de brasserie.

DIRECTION DE L'AGRICULTURE, du COMMERCE ET DE LA COLONISATION A ALGER.

Le jury a décerné un diplôme d'honneur à la Direction de l'Agriculture à Alger pour l'ensemble des expositions de céréales et d'huile d'olive qui ont été organisées par ses soins.

M. LANGLOIS (LÉON). — Propriétaire, à Tiaret (département d'Oran), de la ferme de Tasselent, qui comprend un domaine d'environ 3.000 hectares, M. Langlois cultive exclusivement des céréales : blé tendre (tuzelle), blé dur, avoine et orge. Il exposait à Bruxelles des blés durs. Le jury lui avait précédemment décerné une médaille d'or en 1908 à l'exposition de Londres.

M. LAUMET (JEAN), propriétaire à Sidi-bel-Abbès (département d'Oran).

Produits exposés : blés durs.

MM. ROBERT (PAUL et JOSEPH), propriétaires à Orléansville (département d'Alger).

Produits exposés : blés durs.

M. SACERDOTE (HENRI), propriétaire à Sidi-bel-Abbès

(département d'Oran). Titulaire d'une médaille d'or et d'un diplôme d'honneur à l'Exposition de Londres (1908).

Produits exposés : blés durs.

Société d'agriculture d'Oran. — Cette société avait organisé une exposition collective des produits de plusieurs de ses membres, notamment de blés durs et d'échantillons d'huile d'olive.

Syndicat agricole et viticole de Tlemcen (département d'Oran).

Ce syndicat présentait une exposition collective groupant des échantillons d'huile d'olive d'une vingtaine de ses adhérents.

Syndicat professionnel agricole de Sidi-bel-Abbès (département d'Oran).

Ce syndicat avait installé une très belle collection des produits de plus de trente de ses membres, notamment de beaux spécimens de blé dur, et des échantillons d'huile d'olive.

MÉDAILLES D'OR

Nous ne saurions énumérer ici les noms des 99 titulaires de médailles d'or.

Nous nous bornerons à signaler parmi les collectivités : Le Comice agricole de Boufarik, le Comice agricole de Marengo, le Comice agricole de Bougie, la Société d'agriculture du département d'Oran, le Syndicat agricole du département d'Oran, le Syndicat agricole et viticole de Mascara, le Syndicat agricole de Mostaganem, qui exposaient des céréales (blés durs, orges de brasserie, maïs, etc.) et des échantillons d'huiles d'olive de leurs adhérents ; le Comice agricole de Mouzaïaville, le Comice agricole de Philippeville, la Société d'agriculture du département de Constantine, le Syndicat agricole et viticole de Constantine, le Syndicat agricole de

Tiaret, qui exposaient des céréales; enfin le Comice agricole de Tizi-Ouzou (département d'Alger), et le Syndicat professionnel et agricole de Djidjelli (département de Constantine), qui exposaient uniquement des huiles d'olive.

Parmi les exposants individuels qui avaient présenté des céréales citons : Mme Vve Boutonnet et Coudert, propriétaire du moulin des Braz à Kherba (département d'Alger), M. Paul Bouisson à Constantine, M. Charles Borgeaud à Constantine, M. Jules Borgeaud à Bône, M. Bernard Denave a Souk-Ahras, M. Gueit Édouard à Constantine, M. Charles Grima propriétaire à El-Diss (département de Constantine), M. Henri Beaupuy à Oran, MM. Carcassonne frères à Tlemcem, M. Joseph Hernandez à Arzew, M. Georges Koebel à Oran, M. Henri Perez à Oran.

Enfin, parmi les exposants individuels ayant présenté des huiles d'olive: M. Aillaud Bonnemains à Tizi-Ouzou (département d'Alger), M. Julien Bertrand à l'Arba (département d'Alger), M. Delacoste (Adolphe) à Alger, M. Lafond (Pierre) à Alger, M. Martin (Emile) à Gouraya (département d'Alger), MM. Stéphanopoli et Cie à Alger, M. Léon Garel, propriétaire à La Robertsan (département de Constantine), MM. Ponzo frères, propriétaires à Ell-Arrouch (département de Constantine), MM. Bernard Antoine et Lopez, négociants à Saint-Denis-du-Sig (département d'Oran), MM. Carcassonne frères, propriétaires à Tlemcen et à Oujda (département d'Oran), M. Jacques Escudier propriétaire à Saint-Denis-du-Sig, M. Klein (Michel) à Oran, MM. Navarre et Deloupy, propriétaires à Sidi-bel-Abbès (département d'Oran).

TUNISIE

Le Palais de la Tunisie, situé à proximité de celui de l'Algérie, en formait comme le pendant. Les produits exposés dans la Classe 39 comprenaient principalement : des céréales, des échantillons d'huile d'olive, des fèves, haricots et pois chiches, enfin des caroubes et des amandes.

L'agriculture occupe en Tunisie comme en Algérie une place prépondérante, les trois quarts du territoire, soit 9 millions d'hectares, étant susceptibles d'être livrés à la culture. Actuellement les terres labourables s'étendent sur 2.600.000 hectares, les olivettes sur 220.000 hectares, les palmeraies sur 19.000 hectares et les vignobles sur 16.000 hectares.

La culture des céréales, qui est de beaucoup la plus importante, se pratique un peu partout. La valeur des grains exportés dépasse 27.000.000 de francs et représente plus du quart du montant global des exportations.

Les céréales cultivées en Tunisie sont : le blé, l'orge, l'avoine, le maïs et le sorgho. Le blé et l'orge occupent à eux seuls les neuf dixièmes des terres ensemencées. Les surfaces qui leur sont consacrées sont sensiblement égales et varient, pour chacune de ces céréales, de 400 à 500.000 hectares.

La culture du blé prédomine dans les régions de Béja, de Bizerte et dans la vallée de la Medjerdah.

Les blés cultivés sont presque exclusivement des blés durs. Leur composition chimique et leur rendement en minoterie les placent au même rang que les meilleurs blés durs d'Europe et d'Amérique pour la fabrication des semoules et des pâtes alimentaires.

Les blés tendres sont également cultivés depuis quelques

années, principalement par les colons européens, mais sur quelques milliers d'hectares seulement.

Depuis la loi du 19 juillet 1904, qui a établi l'union douanière à l'égard des céréales entre la Tunisie et la France, la Régence manufacture elle-même une partie de ses blés, ce qui diminue le chiffre des exportations. Ces dernières dépassent néanmoins 180.000 quintaux, d'une valeur de plus de 4 millions 200.000 francs.

La culture de l'orge est surtout pratiquée par les indigènes. Elle couvre plus de 485.000 hectares, donnant une production de plus de 2.010.000 quintaux.

On ne cultive en Tunisie que l'orge d'hiver, ou escourgeon, qui sert, dans le pays même, à la nourriture des indigènes et du bétail, mais qui constitue également un article très important d'exportation. Cette céréale, en particulier l'orge blanche du Sud, possède en effet des qualités spéciales qui la font de plus en plus rechercher par la brasserie.

Jusqu'ici l'orge tunisienne a surtout été exportée en France à la faveur d'un régime douanier avantageux et de l'intérêt qu'elle offre pour les fermentations spéciales du nord de la métropole. Les exportations à l'étranger dépassent néanmoins 510.440 quintaux, dont 481.640 pour l'Angleterre et 7.500 pour la Belgique. Ces chiffres permettent d'espérer que le commerce tunisien ne tardera pas à étendre ses opérations sur les différents marchés européens.

La culture de l'avoine a fait, à proprement parler, son apparition en Tunisie avec les premiers colons, mais elle prend tous les ans plus d'extension. La production atteint actuellement 555.000 quintaux, sur lesquels 455.000 quintaux sont exportés.

La variété presque exclusivement cultivée est l'avoine commune à grain jaune, dont la précocité sous le climat tunisien permet d'alimenter le commerce d'exportation un mois au moins avant les arrivages des variétés les plus hâtives du bassin méditerranéen.

Le maïs et le sorgho sont des céréales de printemps, auxquelles il est consacré chaque année, dans la région du Nord, de 25 à 30.000 hectares.

La production est presque intégralement consommée sur place.

Le maïs le plus généralement cultivé est le maïs jaune à grain moyen. Le sorgho constitue une ressource précieuse pour l'indigène. C'est en quelque sorte le blé du pauvre. On en cultive trois espèces : le sorgho blanc, le plus estimé; le sorgho jaune, qui donne une farine beaucoup moins fine, et le millet à chandelle, qui sert surtout pour la nourriture des volailles.

Les légumineuses cultivées en Tunisie sont : les haricots, les petits pois, les pois chiches et les fèves.

Les haricots et les petits pois trouvent des prix rémunérateurs sur les marchés locaux, principalement à Tunis, et l'exportation en est à peu près nulle.

La culture des fèves exige une mention spéciale. Les surfaces ensemencées ont augmenté, en effet, progressivement et elles atteignent aujourd'hui près de 20.000 hectares.

Cette augmentation trouve sa justification dans ce fait que, la culture de cette légumineuse étant essentiellement nettoyante et améliorante, prend dans les assolements une place de plus en plus importante.

L'emploi toujours plus important de la farine de fèves par les minotiers pour corriger l'insuffisance en gluten des blés à grand rendement a, d'autre part, provoqué une très notable augmentation des cours sur les fèves. La minoterie française recherche de plus en plus pour cet emploi les fèves de provenance tunisienne, de préférence à celles d'Égypte et de Syrie.

Parmi les cultures arbustives, celles de l'olivier et du dattier méritent une mention spéciale.

Il existe actuellement en Tunisie environ 10 millions d'oliviers répartis sur près de 200.000 hectares. Les principaux centres de la culture de l'olivier sont les régions de Bizerte, Tunis, Zaghouan, le Cap Bon, le Sahel de Sousse, Sfax, Djerba et Zarsis. Les plantations ne cessent pas d'ailleurs de s'accroître.

De nombreuses huileries, montées d'après les procédés les plus perfectionnés, ont été créées à Sousse, dans le Sahel, à Sfax et dans la région du Nord. Le taux d'extraction varie de 17 à 25 kilogrammes d'huile comestible par 100 kilogrammes d'olives. Quant à la production totale, elle oscille entre 300.000 et 400.000 hectolitres d'huile. Un peu plus de la moitié est consommé sur place. Le chiffre des exportations à l'étranger subit un mouvement ascensionnel des plus intéressants.

Tandis qu'en 1903, 261.000 kilogrammes, sur une exportation totale de 4.149.000 kilogrammes, s'écoulaient dans des pays autres que la France et l'Algérie, successivement les exportations dans les pays étrangers ont passé à :

2.275.000 kilogrammes en 1904, sur une exportation totale de 13.776.000 kilogrammes.

2.862.000 kilogrammes en 1905, sur une exportation totale de 9.321.000 kilogrammes.

2.466.000 kilogrammes en 1906, sur une exportation totale de 11.271.000 kilogrammes.

3.580.000 kilogrammes en 1907, sur une exportation totale de 16.041.000 kilogrammes.

Par contre, l'industrie des conserves d'olives est encore loin d'avoir atteint en Tunisie tout le développement dont elle est susceptible.

Les plantations de dattiers, quoique moins nombreuses, offrent cependant une grande importance. On évalue à près d'un million et demi le nombre des palmiers dattiers existant dans le Sud-Tunisien. La production totale de ces fruits dépasse en moyenne 20 millions de kilogrammes sur lesquels il est exporté, suivant les années, 3 à 6 millions.

La culture de l'amandier est surtout localisée le long de la côte est de la Tunisie, mais elle tend à se développer. La production s'élève actuellement à 300.000 kilogrammes d'amandes par an et l'exportation varie de 150 à 200.000 kilogrammes.

Enfin de nombreuses plantations de caroubiers ont été faites dans ces dernières années, mais elles ne sont pas encore, pour la plupart, en âge de produire, et l'exportation de la caroube n'atteint que 1.200 quintaux.

Exposants.

Le nombre des exposants était de 37. On peut regretter, vue l'importance que présentent pour l'agriculture tunisienne les produits figurant dans la Classe 39, que ce nombre n'ait pas été plus élevé.

Le jury a tout spécialement remarqué les céréales : blés durs, orges, avoines, maïs, et les différentes variétés d'huile d'olive.

Les huiles du Nord (Tunis, Tébourba, Bizerte, Cap Bon) sont généralement d'une saveur fruitée, légèrement piquante, elles se rapprochent du type Bari. Les huiles du Sud (région de Sfax) sont caractérisées par la finesse de leur bouquet et leur goût délicat ; d'une façon générale, elles rentrent dans la catégorie des types Nice et Aragon. Les huiles du Centre (Sousse, Monastir, Mahdia) constituent un type intermédiaire d'excellente qualité.

Le jury a décerné aux divers exposants trois grands prix, deux diplômes d'honneur, onze médailles d'or, treize médailles d'argent et quatre médailles de bronze. Il a accordé, d'autre part, aux collaborateurs 1 médaille d'or et 7 médailles d'argent.

GRANDS PRIX

M. Glandut (Séraphin), à Sfax. — Huiles d'olive.

M. Glandut a fondé à Sfax, en 1887, une des premières huileries possédant un matériel moderne. L'importance de cette maison n'a pas cessé depuis lors de s'accroître ; sa production est livrée presque tout entière directement à la consommation par colis postaux de 5 à 10 kilos. M. Glandut avait obtenu précédemment une médaille d'or à Paris en 1900 et un diplôme d'honneur à Londres en 1908.

M. Médina (Gabriel), à Monastir. — Huiles d'olive.

M. Médina a fondé, dès 1886, dans la région de Monastir, une huilerie avec les systèmes européens perfectionnés. Cette huilerie possède actuellement dix broyeurs pour la trituration des olives et vingt-quatre presses hydrauliques. Elle triture 70.000 kilogrammes d'olives dans les vingt-quatre heures, ce qui représente une production de 15.000 kilogrammes d'huile en vingt-quatre heures de travail. Ses citernes, revêtues de carreaux vernis assurant à l'huile une parfaite conservation, peuvent emmagasiner un million de kilogrammes d'huile d'olive.

M. G. Médina avait obtenu antérieurement : une médaille d'or à Paris en 1900, un diplôme d'honneur à Liége en 1905 et un grand prix à Londres en 1908.

Direction de l'agriculture, du commerce et de la colonisation a Tunis.

Le jury a décerné un grand prix à la Direction de l'agriculture, du commerce et de la colonisation à Tunis pour la très belle exposition de céréales organisée par ses soins.

DIPLOMES D'HONNEUR

M. Boulakia (S. C.), à Tunis. — Produits exposés : huiles d'olive remarquables par leur pureté et leur finesse.

M. Prouvost (Édouard). — Propriétaire, à M'Rira, d'un domaine de 2.000 hectares, M. Prouvost avait exposé une collection de céréales : blés, orges, avoines, etc., de première qualité.

MÉDAILLES D'OR

M. Blanc (Léon), propriétaire à Médiez-el-Bal. — Céréales.

M. Fabre (Fortuné), propriétaire à Souk-el-Khemis.

M. Genevay (Zacharie), négociant à Tunis. — Huiles d'olive.

M. Gobel (Jacques), propriétaire à la Béghaia.

M. Goumot (André), propriétaire à Souk-el-Khémis. — Orges.

M. Lavau (René), négociant à Tunis. — Huiles d'olive.

M. Liby, propriétaire du domaine de la Moselle, à Sfax. — Huiles d'olive, fèves, haricots, pois chiches, amandes, caroubes et pistaches.

M. Lumbroso (Eugène), propriétaire à Mahdia. — Huiles d'olive.

Mabrouk (Hadj Ali), propriétaire à Monastir. — Huiles d'olive.

Société oléicole de Nabeul. — Huiles d'olive.

M. Tabone (Salvator), à Tunis. — Blés.

MM. Ventre frères, à Tunis.

ALLEMAGNE

L'Empire d'Allemagne avait organisé, par les soins de la Société d'agriculture d'Allemagne, une exposition remarquable de semences améliorées, qui se distinguait tout spécialement par sa belle ordonnance.

Ce n'est guère que depuis 1870 que l'Allemagne, suivant l'exemple de la France et de l'Angleterre, s'est livrée, d'une manière suivie, à l'étude de la sélection des semences. Dans les vingt dernières années le nombre des sélectionneurs allemands a considérablement augmenté ; ce mouvement est presque exclusivement dû à l'initiative privée et, dans l'Allemagne du Sud, à l'action exercée par des institutions d'État (écoles d'agriculture, instituts scientifiques pour la culture des plantes annexés aux Universités).

L'amélioration de la betterave à sucre porte, en général, sur les qualités sucrières. Le climat du centre de l'Allemagne est particulièrement favorable à la culture des semences de betteraves. Trente-six maisons se livrent à cette culture et approvisionnent de graines les pays étrangers.

L'amélioration des betteraves fourragères tend à obtenir soit une forte teneur en substance sèche, soit une augmentation de volume, soit ces deux qualités ensemble. Une vingtaine de maisons s'adonnent à cette culture.

L'amélioration de la pomme de terre, à laquelle se livrent une douzaine d'agriculteurs, poursuit l'obtention non seulement de variétés utiles à l'alimentation, mais aussi de variétés riches en amidon et destinées soit à la distillerie, soit à la féculerie.

L'amélioration des céréales a permis un notable accroissement du rendement des céréales. Les maisons qui se livrent à ces essais sont actuellement au nombre de 36 pour le froment, de 26 pour le seigle, de 34 pour l'avoine et de 14 pour l'orge.

Les plantes légumineuses, notamment les pois et les haricots, sont l'objet d'une culture raisonnée de la part de 8 agriculteurs.

Enfin l'amélioration des plantes fourragères et des plantes industrielles pour des buts pratiques n'a été, jusqu'à présent, qu'isolément poursuivie.

En ce qui concerne les méthodes d'amélioration, on est passé en Allemagne, au cours de ces dernières années, du procédé de la sélection en masse à celui de la sélection individuelle. La sélection d'amélioration et le classement des formes spéciales ont été particulièrement employés pour les betteraves à sucre et fourragères, ainsi que pour les céréales. Des variations spontanées ou mutations ont donné naissance à de nouvelles variétés, telles que le seigle Professor Heinrich et le froment Squarehead aristé. Enfin l'hybridation a été plus spécialement appliquée pour l'amélioration de la pomme de terre, du froment et de la betterave fourragère.

La sélection des semences a contribué pour une large part, concurremment avec l'introduction de méthodes plus scientifiques de culture, au développement remarquable qu'a pris l'agriculture allemande à la fin du XIXe siècle.

Les cultures de plein champ (ackerland) couvrent en Allemagne 25.770.000 hectares. Les trois cinquièmes de cette surface sont consacrés à la production des céréales, qui constitue la base de l'agriculture allemande.

Le blé couvre 6,5 p. 100 des terres cultivées dans tout l'Empire, le seigle 17 p. 100, l'avoine 11,3 p. 100 et l'orge seulement 4,7 p. 100. On peut donc dire, si l'on ne considère que les céréales, que l'Allemagne est surtout un pays producteur de seigle.

En 1909, la production du seigle a atteint 113.484.150 quintaux, celle de l'avoine 91.258.160 quintaux, celle du blé (froment et épeautre) 42.541.110 quintaux, celle de l'orge 34.956.160 quintaux. Les orges trouvent un débouché avantageux dans la florissante industrie de la brasserie ; toutefois celle-ci est obligée d'importer de l'étranger le tiers ou le quart de la quantité qu'elle consomme, une grande partie des orges indigènes ne répondant pas par leur qualité à ses exigences.

Après les céréales, les cultures qui ont le plus d'importance sont celles dont les produits constituent la base de l'élevage du bétail en Allemagne, c'est-à-dire la culture des plantes fourragères et celle des plantes sarclées.

Près de 10 p. 100 des surfaces cultivées sont consacrées à la production des plantes fourragères, y compris le trèfle et la luzerne.

La culture des plantes sarclées a aussi pour but principal la production des fourrages. Sur les 4.238.000 hectares consacrés aux plantes sarclées, la pomme de terre occupe la plus grande partie, soit 3.037.366 hectares. Cette plante joue un rôle important dans l'alimentation du peuple allemand ; elle est également cultivée pour la distillerie et sert pour une très large part à la nourriture du bétail. En 1909, sa production a été de 467.062.520 quintaux.

La culture de la betterave s'étend sur le reste de la surface consacrée aux plantes sarclées et, sauf les betteraves sucrières, qui n'occupent que 1,51 p. 100 de la surface totale, ses produits sont exclusivement destinés au bétail.

Exposants.

La Société d'agriculture d'Allemagne avait su grouper, à côté de son exposition propre, les produits des principales maisons qui, en Allemagne, se livrent à la culture des semences améliorées.

Le nombre des exposants était de 35, dont un hors concours. Les produits, présentés avec une grande méthode, étaient d'un grand intérêt. Le jury a décerné 18 grands prix, 8 diplômes d'honneur, 3 médailles d'or et 4 médailles d'argent. Il a accordé, d'autre part, aux collaborateurs : 5 diplômes d'honneur, 3 médailles d'or et 11 médailles d'argent ; et, aux coopérateurs : 7 médailles de bronze.

EXPOSANTS HORS CONCOURS

M. Conrad Appel, Darmstadt.

Cette maison, fondée en 1789, a pour spécialité, en dehors des graines forestières, la production de semences agricoles sélectionnées, notamment des graines de graminées, de trèfles et de grande culture.

Parmi les nombreuses récompenses antérieurement obtenues on peut citer les suivantes : Médaille d'or à Liége en 1905, et deux grands prix à Milan en 1906.

GRANDS PRIX

Société d'agriculture d'Allemagne.

Cette société, fondée en 1885, a pour but d'encourager les progrès de l'agriculture en Allemagne, notamment par l'organisation d'expositions et de concours. Elle s'est adjoint un bureau d'amélioration des semences. Ce bureau alloue des primes aux cultivateurs s'occupant d'améliorer les graines, décerne des « approbations de semences » et sert d'intermédiaire entre les producteurs de graines et les acheteurs.

La Société d'agriculture d'Allemagne avait exposé des échantillons de plantes de grande culture, ainsi que des graphiques présentant les fluctuations des prix, des différentes semences de 1889 à 1909 et résumant les essais de culture effectués avec diverses variétés des principales céréales.

Association des cultivateurs de semences de la province de Saxe. — Halle.

Cette association présentait des échantillons de plantes et

de graines : seigles, blés, orges, avoines, pois, féverolles et pommes de terre.

M. Rittergut Aderstedt. — Gunsleben près Oscherleben. Produits exposés : seigles, blés, betteraves à sucre.

M. Cimbal (O.) — Fromsdorf (Silésie).

Propriétaire, depuis 1875, d'un domaine situé à une altitude de 300 mètres et exposé aux vents, M. Cimbal s'est appliqué à obtenir des variétés de blés offrant une résistance parfaite aux froids de l'hiver. Il exposait plusieurs variétés de ces blés et des pommes de terre sélectionnées par hybridation.

M. Garbaty-Rosenthal (J.). — Pankow, près Berlin.

Produits exposés : diverses variétés de céréales.

M. Heine (F.). — Couvent de Hadmersleben (Saxe).

M. Heine s'occupe depuis quarante ans de la production de semences sélectionnées. Il est actuellement propriétaire du domaine de Kloster Hadmersleben, d'une superficie d'environ 700 hectares, où sont établis non seulement des champs de cultures, mais des jardins d'essais, des champs d'expériences et un laboratoire spécial de recherches. La culture en grand des meilleures variétés obtenues à Kloster Hadmersleben se fait sur le domaine de Zilly, d'une contenance de 900 hectares.

L'activité de M. Heine s'est portée moins sur la production de variétés nouvelles que sur la culture améliorante continue et comparative de variétés à haut rendement, principalement de céréales et de pommes de terre, convenant surtout pour l'agriculture de l'Allemagne centrale et occidentale.

M. Heine a cultivé, depuis 1877, 1386 variétés de pommes de terre ; depuis 1883, 112 variétés de froment d'hiver ; depuis 1884, 67 variétés de froment d'été et 91 variétés d'orge ; depuis 1885, 58 variétés de seigle et d'orge.

Son exposition comprenait des échantillons des variétés les

plus intéressantes de céréales et de pommes de terre obtenues sur ses domaines.

M. Heine avait obtenu précédemment une série de grands prix aux expositions d'Anvers (1894), de Paris (1900) et de Saint-Louis (1904).

M. A. KIRSCHE-PFIFFELBACH. — Sundhausen (Duché de Gotha).

Propriétaire du domaine de Sundhausen, situé à 350 mètres d'altitude, et du domaine de Pfiffelbach, situé à 250 mètres d'altitude, M. Kirsche se livre depuis 1886 à la sélection de céréales résistant aux rigueurs de l'hiver.

L'avoine de Kirsche sélectionnée est d'origine suédoise. La sélection a tendu à l'obtention d'une avoine de précocité moyenne, de grande production et très résistante à la verse.

Le froment d'hiver épi carré de Kirsche provient d'une variété du Danemark. Le but de la sélection a été d'obtenir un froment de précocité moyenne, de grande production, très résistant à la verse, aux rigueurs de l'hiver et à la rouille.

La sélection de la betterave fourragère de Kirsche a été commencée en 1890. Le nombre des betteraves analysées dans les laboratoires de M. Kirsche a été de 12.000 en 1905, de 18.000 en 1906, de 24.000 en 1907 et de 25.000 en 1908.

M. A. LOHMANN, successeur de O. Beselers. — Weende (Hanovre).

M. Lohmann a poursuivi les essais de sélection entrepris par M. O. Beselers depuis 1870 sur son domaine de Weende. La sélection a été appliquée non seulement aux céréales (blés, avoines), mais aussi aux légumineuses (pois et féveroles).

M. HEINRICH METTE. — Quedlinburg (Harz).

M. Mette exposait les variétés originales de blé, d'avoine, de seigle, d'orge, de betterave sucrière et fourragère, ainsi que de chicorée obtenues sur son domaine par la sélection.

M. MEYER (ED.). — Friedrischwerth (Thüringe).

Produits exposés : différentes variétés de blé, d'orge, d'avoine, de féveroles et de betterave sucrière et fourragère.

M. NEUMANN (J.). — Berlin.

Produits exposés : céréales (blés, orges, avoines, etc.).

M. RIMPAN (WILHEM). — Schlanstedt (Saxe).

M. Rimpan est propriétaire : 1° du domaine de Schlanstedt, d'une superficie de 900 hectares livrés à la culture, auquel est annexé un jardin d'essais et d'expériences pour la sélection de 60 variétés d'orge, de 10 variétés d'avoine, d'environ 40 à 50 variétés de froment, ainsi que de 2 variétés de seigle; 2° du domaine seigneurial de Langenstein, ayant appartenu autrefois aux ducs de Brunswick et sur lequel 500 hectares sont mis en culture.

M. Rimpan, qui avait déjà obtenu un grand prix à Paris en 1900, avait exposé plusieurs variétés de froment (froment hybride hâtif, froment d'été roux), de seigle, d'orge, d'avoine, de féverolles et de betterave à sucre.

M. SPERLING (J.). — Buhlendorf près de Lindau (Anhalt).

Produits exposés : diverses variétés de blé et de seigle.

M. STUBRE (FR.). — Schlanstedt (Saxe).

Produits exposés : céréales (blés et avoines), pois, betteraves fourragères.

M. STEIGER (AD.). — Lentewitz, près Meissen (Saxe).

Produits exposés : diverses variétés de blé, d'avoine et de betteraves fourragères.

M. VON ARNIM-CRIEWEN. — Criewen, près Schwedt-sur-l'Oder (Brandebourg).

Produits exposés : diverses variétés de blé, d'orge. d'avoine de betteraves fourragères, de choux-navets et de carottes.

MM. Von Borries. — Eckendorf, près Bielefeld (Westphalie).

La maison Von Borries se livre depuis 1849 à la culture de la betterave fourragère et depuis 1886 à la sélection des céréales.

Produits exposés : céréales (blés, orges), féveroles, graines de betteraves fourragères provenant des cultures de MM. Von Borries.

M. Von Lochow (F.). — Petkus (Brandebourg).

Le jury a décerné un grand prix, avec ses félicitations, à M. Von Lochow pour ses belles variétés de seigles, d'avoines et de pommes de terre. M. Von Lochow se livre à la culture de graines sélectionnées depuis 1881. Il a obtenu notamment une variété de seigle d'une constitution vigoureuse, résistant très bien aux froids de l'hiver.

DIPLOMES D'HONNEUR

Association pour l'amélioration du seigle dit « Professeur Heinrich ». — Rostock (Mecklenbourg).

Produits exposés : seigle « Professeur Heinrich ».

M. C. Behrens et Cie. — Schanstedt (Saxe).

Produits exposés : blés, avoines, graines de betterave à sucre.

M. Betghe (Rudolf). — Schackensleben (Saxe).

Produits exposés : diverses variétés de blés, de seigles, d'orges et de betteraves à sucre.

M. Brenstedt (Otto). — Schladen (Harz).

Produits exposés : nombreuses variétés de blés, de seigles, d'orges, d'avoines, de pommes de terre. Graines de betteraves sucrières.

M. Jager (W.). — Könkendorf, près Sadenbeck (Priegnitz).

Produits exposés : seigle et avoine.

M. Jacob Mayer. — Frankenthal (Palatinat, Bavière).

Cette maison, fondée en 1845, est une des plus importantes de l'Allemagne du Sud pour la production des pommes de terre et la fourniture de plants. Elle avait obtenu précédemment une médaille d'or à l'Exposition de Saint-Louis (États-Unis).

Produits exposés : nombreuses variétés de pommes de terre.

M. Mohrenweiser (Chr.). — Altenweddingen (Saxe).

Produits exposés : blé, avoine, betterave demi-sucrière « Veni, vidi, vici ».

M. Von Kalben (R.). — Vieneau près Brunau (Altmark).
Produits exposés : seigle et avoine.

MÉDAILLES D'OR

M. Heydenreich (H.). — Oberweimar (Thüringe).

Produits exposés: orges et seigles.

M. Krafft (C.). — Buir (Gouv. Cologne).

Produits exposés : diverses variétés de blés, de seigles, d'avoines et de féveroles.

M. Von Stiegler. — Sobotka (Posnanie).

Produits exposés : blés, orges, avoines, pommes de terre.

ANGLETERRE

L'Angleterre, ou plus exactement le Royaume-Uni de Grande-Bretagne et d'Irlande, tend de plus en plus à devenir un pays d'élevage et les pâturages se développent au détriment des céréales. L'humidité de son sol et l'emploi rationnel des engrais permettent d'ailleurs d'obtenir des rendements élevés.

Le blé, qui couvrait, en 1875, 1.469.000 hectares, n'en occupe plus, actuellement, que 755.000 et le rendement total, qui était, en 1875, de 34.600.000 hectolitres est tombé à 22.970.000 hectolitres. Par contre, les rendements à l'hectare ont passé de 23 à 28 hectolitres.

Pour l'orge, la surface cultivée a fléchi, de 1886 à 1909, de 924.000 à 739.000 hectares et sa production de 27.800.000 à 25.059.000 hectolitres.

L'étendue couverte par l'avoine a également fléchi. De 1.729.000 hectares en 1886, elle est tombée à 1.625.000.

L'Angleterre et l'Irlande produisent des légumes en abondance. Les pommes de terre, notamment, sont semées sur 480.900 hectares, donnant une production de 63.299.000 quintaux.

La production agricole de l'Angleterre est loin de suffire à ses besoins et elle est obligée de s'adresser : pour ses fournitures de blé, aux États-Unis, à la République Argentine, au Canada, aux Indes et à la Russie ; pour ses fournitures d'orge, à la Russie, aux États-Unis, à la Roumanie et à l'Allemagne ; pour ses fournitures de légumes et primeurs, à la France, à l'Allemagne et à la Belgique.

Exposants.

L'Angleterre n'était représentée dans la Classe 39 que par deux exposants seulement, auxquels le jury a décerné un grand prix et un diplôme d'honneur.

GRANDS PRIX

Spratt's Patent limited. — Londres.

Cette importante maison exposait ses biscuits, constituant

un aliment complet pour les chiens ; des farines pour la volaille et le gibier ; des grains pour les oiseaux.

La vente annuelle de ces produits atteint 70 millions de kilogrammes.

Parmi les nombreuses récompenses antérieurement obtenues citons une série de médailles d'or aux expositions de Paris (1889 et 1900, de Saint-Louis (1904) et de Liége (1905), et un grand prix à l'Exposition de Londres (1908).

DIPLOMES D'HONNEUR

MM. Vavasseur J. H. and C° Limited. — Londres.

Cette maison présentait des noix de coco et des échantillons d'huile de coco.

BELGIQUE

La Classe 39 était représentée dans la Section belge par neuf exposants. La participation de la Belgique dans cette classe aurait pu être plus importante, sur une population de 6 millions 600.000 habitants, 1.200.000 personnes se livrant aux travaux des champs.

La Belgique est, avant tout, un pays de petite culture. Les exploitations de plus de 100 ou même de 30 hectares sont extrêmement rares. La plupart n'atteignent pas 10 hectares, et plus du tiers des agriculteurs belges possèdent moins de deux hectares. Le sol est généralement cultivé par le propriétaire ou par sa famille ; la main-d'œuvre étrangère, quand on en a besoin, est d'ailleurs bon marché. Attaché à son lopin de terre et âpre à la tâche, le paysan belge cultive son champ comme un jardin, en y appliquant tous les perfectionnements de la culture intensive; le capital d'exploitation atteint fréquemment 1.000 et même 1.500 francs à l'hectare. C'est ainsi que la terre de Flandre, malgré son sol sablonneux, est devenue une des plus productives de l'Europe, tant au point de vue de la variété que de la perfection des cultures.

Ce mode d'exploitation explique l'augmentation considérable que l'on constate dans les rendements de la plupart des plantes cultivées.

Ainsi le rendement moyen par hectare, exprimé en quintal, qui était, pour le froment, en 1846, de 14,3, s'élevait, en 1895, à 19,3 et atteint actuellement 23,8. Aux mêmes époques ce rendement a passé : pour le seigle, de 13,2 à 17,8 puis à 21,8 ; pour l'avoine de 14,0 à 17,5, puis à 24,5.

La crise agricole, qui s'est manifestée, depuis 1875, en Belgique comme dans la plupart des pays d'Europe, a amené des modifications importantes dans la répartition des cultures. En raison de l'avilissement du prix des grains, la culture des céréales a diminué dans une proportion importante, tandis que celle des plantes fourragères s'est notablement étendue par suite de l'importance prise par l'exploitation du bétail.

Les céréales les plus répandues sont l'avoine et le seigle, puis le blé, l'orge et le sarrasin. La production est loin de suffire aux besoins des habitants.

La culture de l'avoine a subi une augmentation constante. La superficie ensemencée, qui était, en 1846, de 202.431 hectares, atteignait, en 1895, 248.694 hectares et, en 1909, 250.126 hectares.

Cette céréale est particulièrement cultivée dans l'Ardenne et dans la Campine, où l'on trouve les variétés indigènes blanche et noire, ainsi que l'avoine de Suède. Le rendement moyen à l'hectare est de 24^{qx},5.

La superficie consacrée au seigle tend, au contraire, à diminuer : de 283.370 hectares en 1846 et en 1895, elle est passée, en 1909, à 257.542 hectares. On cultive, dans les Flandres, l'Ardenne, le Condroz et la Campine, les variétés indigènes et le seigle de Russie ; le rendement moyen à l'hectare est de 21^{qx},8.

La culture du blé a subi une réduction encore plus considérable. Cette céréale, qui occupait 233.452 hectares en 1846, n'en couvrait plus, en 1895, que 180.377 et, en 1909, 157.765. On la rencontre surtout dans les Flandres et le Condroz, où on sème principalement le Halletroux, donnant un rendement moyen à l'hectare de 23^{hx},8.

L'orge, qui est cultivée surtout dans la région des Polders, reste à peu près stationnaire, avec une tendance à diminuer d'importance. La surface qui lui était consacrée est passée de 39.704 hectares, en 1846, à 40.244 hectares en 1895 et à 35.379 hectares en 1909. La production est loin de suffire aux demandes de la brasserie qui, depuis 1870, a pris un développement considérable.

Quant au sarrasin, il n'occupait, en 1909, que 1.926 hectares.

Après les céréales, la culture la plus répandue en Belgique est celle de la pomme de terre qui couvrait, la même année, 140.163 hectares. On la rencontre principalement dans les Flandres, l'Ardenne et la Campine, où on en cultive de nombreuses variétés. La production moyenne à l'hectare, exprimée en tonnes, est de 16,1.

La betterave à sucre a pris un grand développement, tout en subissant, dans les dernières années, un léger fléchissement. Elle se pratique dans toute la région limoneuse et dans les terres argileuses des deux Flandres. La surface ensemencée qui, en 1846, était de 4.391 hectares, s'est élevée, en 1900, à 63.515 hectares, pour descendre, en 1909, à 58.440 hectares. Le rendement moyen à l'hectare varie entre 30.000 et 35.000 kilos de racines, possédant une richesse saccharine de 15 p. 100 de sucre.

La betterave fourragère s'est également considérablement développée ; alors qu'elle ne couvrait que 4.391 hectares en 1846, elle en occupe actuellement plus de 66.000. Le rendement moyen à l'hectare est passé, en même temps, de 29.000 kilos à plus de 51.000 kilos.

Parmi les autres cultures, citons la chicorée à café, couvrant 6.600 hectares et donnant des rendements de 27.000 à 35.000 kilos à l'hectare; les féveroles, occupant 9.150 hectares; les pois, 5.300; les choux-fleurs, cultivés à Louvain et à Malinse, la chicorée de Bruxelles, ou « Witloof », obtenue par la culture forcée et qui fait l'objet d'un commerce d'exportation important, notamment en Angleterre et en France.

Exposants.

Le jury a décerné aux exposants : quatre grands prix, trois médailles d'or et une médaille d'argent, soit, au total, huit récompenses. Il a accordé, d'autre part, aux collaborateurs trois diplômes d'honneur et une médaille d'argent, et aux coopérateurs sept médailles de bronze.

GRANDS PRIX

Usines J. F. de Bbuyn. — Terremonde.

Les Usines J. E. de Bruyn, fondées en 1835 et établies actuellement à Terremonde et à Baesrode pour la Belgique, à Wandsbeck (Hambourg) pour l'Allemagne, présentaient un assortiment complet de tourteaux de lin, de colza, de navette, d'œillette, d'arachide, de coprah, etc. ; une collection d'huile de lin, de colza, de coprah, de graines exotiques diverses ; enfin des beurres végétaux alimentaires.

Parmi les récompenses antérieurement obtenues par les Usines de Bruyn, on peut citer toute une série de grands prix à Anvers 1894, à Bruxelles 1897, à Liége 1905 et à Milan 1906.

Cie Van den Berghs Ltd. — Molenbeck Saint-Jean.

Cette importante maison exposait des échantillons de margarine d'une préparation parfaite.

Société anonyme des drogueries et huileries anversoises. — Anvers.

Le jury a spécialement remarqué, parmi les produits exposés par cette Société, ses huiles végétales alimentaires du meilleur goût « Huile royale » et « Huile impériale » pour salades et mayonnaises.

A côté de ces échantillons figuraient des tourteaux pour l'alimentation du bétail.

Cette société avait précédemment obtenu un diplôme d'honneur à l'Exposition de Liège en 1905.

M. MALCORPS-HUBERT. — Alleur.

La Station de sélection d'Alleur, qui avait obtenu un grand prix en participation à Liége en 1905, exposait des échantillons de céréales et de graines sélectionnées.

MÉDAILLES D'OR

MM. LAROYE ET FILS. — Ostende.

Cette maison s'est fait une spécialité pour la production, l'importation et l'exportation des semences agricoles à grand rendement d'une pureté et d'un pouvoir germinatif garantis.

M. VERMEIRE-VAN GEETERUYEN (CHARLES). — Hamme-sur-Durme.

Directeur de l'amidonnerie de riz à Hamme-sur-Durme, M. Vermeire exposait des aliments spéciaux pour le bétail : « *l'a'iment Vermeire* » pour bœufs, vaches, chevaux, etc... ; la « *lactine Vermeire* » et la « *phospho-lactine Vermeire* » pour veaux, poulains, etc.

MM. VANDERMEULEN (LOUIS ET HENRI). — Loupoigne (Genappe).

Titulaires de nombreuses récompenses dans les expositions antérieures.

Produits exposés : hydromel et miel.

DANEMARK

Deux exposants seulement figuraient dans la Classe 39. On peut regretter qu'ils n'aient pas été plus nombreux, le Danemark étant un pays essentiellement agricole. Les céréales s'y récoltent en assez grande quantité, supérieure aux besoins des habitants. L'avoine, cultivée principalement dans les îles de Seeland et de Bornholm, occupe 402.940 hectares donnant une production de 14.860.535 hectolitres. Le seigle, que l'on rencontre sur les terres pauvres du Jylland, occupe 276.000 hectares donnant 6.667.000 hectolitres.

Citons encore : l'orge, cultivée sur 233.713 hectares et donnant 7.611.000 hectolitres; le blé, cultivé sur 40.500 hectares, principalement à Laaland, dont le blé dur est renommé, et donnant 1,349.000 hectolitres; enfin le sarrasin, cultivé sur 6.000 hectares et donnant 70.000 hectolitres.

Exposants.

Le jury a décerné un grand prix à la SOCIÉTÉ ANONYME DANOISE pour la culture des graines et comptoir de vente des graines à Copenhague.

Cette importante Société, titulaire de nombreuses récompenses, avait exposé une très intéressante collection de graines fourragères et de graminées.

ESPAGNE

L'Espagne était représentée, dans la Classe 39, par 34 exposants, qui avaient envoyé principalement des échantillons d'huile d'olive, se recommandant par leur finesse, et des céréales.

L'olivier prospère particulièrement en Espagne dans les régions du Sud, qui jouissent d'un climat africain. Il est cultivé sur une superficie de 1.394.858 hectares. En 1909 la production a été de 2.397.720 quintaux d'huile et de 660.486 quintaux d'olives conservées à l'état de fruits. Les exportations se sont élevées, la même année, à 265.255 quintaux, représentant une valeur de 26.525.599 francs.

Les céréales sont de belle apparence, mais leur production pourrait être considérablement augmentée par une meilleure utilisation des eaux.

Le blé, surtout cultivé dans la Vieille-Castille, occupait, en 1909, 3.782.695 hectares ayant donné une récolte de 39 millions 218 885 quintaux.

L'orge, qui est employée comme en Algérie à la nourriture du bétail, se récolte un peu partout dans la péninsule sur 1.408.307 hectares, donnant une production de 17 millions 761.774 quintaux.

Le seigle, qui prospère dans les montagnes du Nord, occupe 833.104 hectares donnant une récolte de 6.865.364 quintaux.

L'avoine est cultivée sur 496.636 hectares, et le maïs, que l'on rencontre principalement en Andalousie et le long du littoral méditerranéen, sur 465.045 hectares, donnant une production de 6.714.366 quintaux.

Il convient enfin de signaler, le riz, qui, dans le delta de l'Èbre, la plaine de Valence et celle de Murcie occupe 37.206 hectares ayant donné, en 1909, une production de 2.072 693 quintaux.

Exposants.

Le jury a décerné trois grands prix, deux diplômes d'honneur, douze médailles d'or et cinq médailles d'argent, une médaille de bronze et quatre mentions honorables. Deux exposants avaient été, d'autre part, mis hors concours comme membres du jury. Enfin le jury a accordé une médaille de bronze aux coopérateurs.

EXPOSANTS HORS CONCOURS

M. LE MARQUIS DE MORELLA. — Valencia de Alcantara (Caceres).
Produits exposés : huiles d'olive.
Récompenses antérieures : médaille d'or à l'Exposition de Saragosse en 1908.

M. LUIS PEREZ CISTUÉ. — Magallon-Saragosse.
Produits exposés : huiles d'olive.
Récompenses antérieures : grand prix à l'Exposition de Saragosse en 1908.

GRANDS PRIX

M. CARBONEL Y CIA, S. EN C. — Cordoue.
Produits exposés : huiles d'olive.
Récompenses antérieures : grands prix aux Expositions de Saint-Louis (1904) et de Saragosse (1908).

FERME-ÉCOLE D'AGRICULTURE. — Valence.
Produits exposés : huiles, céréales, pommes de terre, oignons.

FERME-ÉCOLE D'AGRICULTURE. — Madrid.
Produits exposés : huiles et céréales.

DIPLOMES D'HONNEUR

Les deux Écoles d'agriculture de Madrid et de Valence ont également obtenu chacune un diplôme d'honneur pour les belles collections qu'elles avaient exposées.

MÉDAILLES D'OR

M. ADAN DEL CASTILLO. — Las Palmas.
Produits exposés : maïs.

M. ANSELMO R. DE RIVAS. — Séville.
Produits exposés : huiles d'olive.

M. JOSÉ BÉNITO LAZARO. — Santa Maria del Rey.
Produits exposés : céréales (avoines et blés), haricots.

M. ENRIQUE EVENOR MONTESINOS, COMTA DE MONTORNES. — Valence.
Produits exposés : huiles d'olive.
Récompenses antérieures : médaille d'or à Paris (1900), diplôme d'honneur à Saragosse (1908).

M. JULIAM DE LA RUA. — Salamanque.
Produits exposés : huile d'olive.

M. JULIAN DE LÉON. — Villamoros.
Produits exposés : avoine, pommes de terre, Haricots.

M. MANUEL GUZMAN POSADAS. — Grenade.
Produits exposés : huile d'olive.
Récompenses antérieures : médaille d'or à Saragosse (1908).

M.M. MAUGRANÉ ET FILS DE GUISE. — Reus.
Produits exposés : huile d'olive.

M. Eugenio Marques Lopez. — Burgo de Osma.

Produits exposés : haricots blancs.

M. Maximiliano Masip. — Carpe.

Produits exposés : miel pur.
Récompenses antérieures : médaille d'or à Saragosse (1908).

MM. Bernardino Ridnejo. — Soria.

Produits exposés : blés.

MM. Rivera Blanco et hijos Francisco. — Valencia de Alcantara.

Produits exposés : huile d'olive.

ITALIE

L'Italie avait envoyé à Bruxelles principalement des huiles d'olive, ainsi que des échantillons de riz et de différentes céréales.

L'olivier se rencontre dans toute l'Italie, excepté dans le Piémont et dans les îles. Sa culture occupe environ 1 million d'hectares, mais elle tend à se restreindre. La production de l'huile est très variable suivant les années ; elle n'a été en 1908-1909 que de 632.000 hectolitres, mais elle avait atteint 2.895.000 hectolitres en 1907-1908 et 3.260.000 hectolitres en 1903-1904. Les provinces les plus productives et fournissant l'huile la plus renommée sont celles de Lecce, de Pérouse et de Bari ; cette huile vaut de 90 à 110 francs les 100 kilogrammes. Il en est importé chaque année de grandes quantités en France, environ 50.000 quintaux, qui sont mélangées avec nos huiles; toutefois cette importation a baissé considérablement depuis les progrès que la culture de l'olivier à faits en Tunisie et en Algérie.

Les céréales : blé, seigle, orge, maïs et riz, sont d'excellente qualité. Elles sont cultivées dans un grand nombre de provinces, particulièrement en Sicile, en Toscane et à Naples, dans la Campanie.

La culture du froment a fait de grands progrès depuis quelques années, en raison des défrichements et de la transformation de vignobles, détruits par le phylloxera, en terres à céréales. Par suite de l'emploi d'instruments aratoires perfectionnés, de semences sélectionnées et d'engrais chimiques appropriés au sol, les rendements ont, en même temps, augmenté dans des proportions considérables. La production, qui avait été, en 1885, de 41.243.000 hectolitres, s'est élevée, en 1903, à 53.648.000 ; le rendement moyen à l'hectare passant de 10^{hl},50 à 13 hectolitres.

L'Italie est cependant encore loin de se suffire à elle-même et elle est obligée d'importer chaque année, en grandes quantités, des blés qui proviennent presque exclusivement de Russie.

Le maïs, qui se cultive principalement dans la Toscane et la Lombardie, tient également une place importante dans l'agriculture italienne. Il couvre 1.800.000 hectares et la prodution par année est d'environ 32.00.000 hectolitres ; les populations des campagnes le consomment soit en pain, soit en bouillie ou polenta.

L'orge, qui se rencontre dans les mêmes régions, le seigle et l'avoine, qui se sèment surtout dans les parties basses des Apennins, ont une importance moindre.

Enfin la Lombardie et la Vénétie possèdent de nombreuses rizières qui, en 1908, ont produit 9.393.000 hectolitres de riz.

Les pommes de terre, les légumes, et principalement les légumes secs, sont cultivés en abondance dans presque toute la péninsule.

La culture de la betterave a pris, depuis quelques années, principalement dans la Lombardie, une importance de plus en plus grande ; la surface ensemencée est d'environ 37.500 hectares. La fabrication du sucre se fait à l'aide des appareils les plus perfectionnés ; elle occupe 34 usines.

Enfin l'Italie tire des revenus importants de ses oranges, citrons, figues, châtaignes, pommes, prunes et fruits divers.

Exposants.

Les exposants étaient au nombre de 41.

Le jury leur a décerné : 7 grands prix, 2 diplômes d'honneur, 11 médailles d'or, 12 médailles d'argent et 5 médailles de bronze. Il a, d'autre part, accordé aux collaborateurs 1 médaille d'argent et 1 médaille de bronze.

GRANDS PRIX

Associazione fra gli Agricoltori del Vercellese. — Vercelli.

Produits exposés : cette association présentait des échantillons de riz en paille et de riz glacé des principales variétés cultivées sur le territoire de Vercelli.

M. Bacile F. (Baron). — Spongano (Lecce).

Produits exposés : échantillons d'huile d'olive.

Chambre de commerce et industrie à Syracuse.

Produits exposés : huile d'olive, céréales.

Comizio agrario di Bari.

Produits exposés : huile d'olive.

Comizio agrario di Firenze.

Produits exposés : huiles d'olive.

M. Pavoncelli. — Cerignola, près Barletta.

Produits exposés : huile d'olive.

Stazione sperimentale di risicoltura. — Vercelli.

Produits exposés : échantillons de riz.

DIPLOMES D'HONNEUR

M. LIBERTINI FRANCESCO (BARON). Spongano (Lecce).
Produits exposés : huile d'olive.

OLEIFICIO SPERIMENTALE. — Spoleto (Umbria).
Produits exposés : échantillons d'huile d'olive.

MÉDAILLES D'OR

MM. ALONZO et CONSOLI. — Catane.
Produits exposés : céréales.

M. N. G. ANTOLA : Maison centrale de raffinage et exportation d'huile d'olive d'Italie. — Bologne.
Produits exposés : huile d'olive en futailles, estagnons et bouteilles
Cette importante maison avait déjà obtenu une médaille d'or à Milan en 1906.

M. CERRISSIMO GENNARO. — Oria (Lecce.)
Produits exposés : huile d'olive.

M. CLARICI DOMENICO. — Foligno (Ombrie).
Produits exposés : huile d'olive.
Récompenses antérieures : médaille d'or à l'Exposition de Saint-Louis 1904 et de Milan en 1906.

M. D'ULIVA, EUGENIO E FRATELLI. — Pescia.
Produits exposés : plants d'oliviers.

FATTORIA FONTE VENEZIANA DI ROSSI OCCHINI. — Arezzo.
Produits exposés : huile d'olive de Toscane.

M. Garzia Raffaele. — Maglie (Lecce).

Produits exposés : huile d'olive.

M. Morales Girolamo Ascenzo. — Modica (Syracuse).

Produits exposés : caroubes.

Oleificio cooperativo. — Spoleto (Umbria).

Produits exposés : huile d'olive.

M. Scarciglia Luigi. — Minervino di Lecce.

Produits exposés : huile d'olive de table.

PAYS-BAS

Les Pays-Bas avaient exposé, dans la Classe 39, non seulement les produits de leur sol, mais les produits de leurs colonies.

La production en céréales des Pays-Bas proprement dits est loin de suffire aux besoins de la population qui se livre d'ailleurs principalement à l'élevage du bétail. Le blé, cultivé dans la Zélande, le Brabant et le Limbourg, occupe 51.000 hectares donnant 1.465.000 hectolitres. L'avoine, dans le Centre et le Nord couvre 141.000 hectares produisant 6.822.000 hectolitres. L'orge, dans l'Ouest, couvre 28.000 hectares donnant 1.174.000 hectolitres. Il convient de signaler enfin le seigle cultivé sur 223.973 hectares et produisant une récolte de 6.220.704 hectolitres.

Les pommes de terre, cultivées principalement dans les dunes et les plaines sablonneuses du Nord-Est, couvrent 161.259 hectares et donnent 34.279.350 hectolitres.

La culture des légumes et des fruits est très développée. Les jardins et les vergers occupent, au total, 80.000 hectares, mais chacun d'eux ne dépasse généralement pas 2 hectares et le travailleur agricole, qui leur consacre tout son temps, en obtient le rendement le plus élevé. La région la plus réputée pour les cultures fruitières et potagères est le Westland, voisine de la Haye ; elle est favorisée par un climat exceptionnel et un sol particulièrement riche.

Quant aux colonies hollandaises : Indes orientales, avec Java, Bornéo, Sumatra etc. ; Indes occidentales, ou Antilles, avec Curaçao, Aruba, saint-Martin, etc. ; Guyane ou Surinam, soumises à un climat tropical et humide, leurs produits les plus renommés, dont des échantillons ont été soumis à l'appréciation du jury, consistent principalement en cafés, cacaos, cannes à sucre, sagous, thés et riz. La culture du café a pris une grande extension dans l'île de Java, où elle donne d'excellents produits mais les ravages d'un parasite, l'Hemilia vastatrix, et la concurrence des cafés du Brésil en ont depuis quelques années entrave le développement.

Le thé prospère égalcment très bien dans l'archipel malais, mais la production croissante de Ceylan et de l'Inde ne laisse guère espérer qu'il puisse devenir un article d'exportation vraiment profitable.

Exposants.

Le catalogue général ne mentionnant pas les produits coloniaux, il est difficile d'établir le nombre des exposants. On peut l'évaluer approximativement à une vingtaine. Le jury a décerné : trois grands prix, un diplôme d'honneur, cinq médailles d'or, trois médailles d'argent et une médaille de bronze. Il a, d'autre part, accordé aux collaborateurs quatre médailles d'or.

GRANDS PRIX

Société royale d'agriculture des Pays-Bas. — La Haye.

Cette importante société groupe 20 sociétés nationales ou provinciales. Elle s'occupe de l'organisation des expositions agricoles et de la défense des intérêts de l'agriculture. Elle avait envoyé à Bruxelles : des échantillons de céréales et de semences, diverses espèces de pommes de terre améliorées, des pulpes de betteraves.

HUILERIES FRANCO-HOLLANDAISES. NOUVEAUX ÉTABLISSEMENTS CALVÉ-DELFT.

Cette Société, dont le siège social est à Delft, possède également des usines à Bordeaux (France). Elle s'est fait une spécialité d'huiles de qualité supérieure pour les emplois culinaires et pour la table et d'huiles d'arachides pour la fabrication de la margarine, des biscuits et des conserves de sardines. Dans son stand figurait, à côté des échantillons de ces diverses huileries, une collection des graines ou fruits oléagineux employés par la maison dans ses usines.

BANQUE COLONIALE. — Amsterdam.

DIPLOMES D'HONNEUR

COMITÉ SPÉCIAL POUR LA COLONIE DE SURINAM. Exposition collective.

MÉDAILLES D'OR

MM. WEISE ET C^o^. — Rotterdam.

M. HORSTMAN. R. J. — Temangœng (Java).

RIZERIE INDRAMAYON. — Indramayon (Java).

COMITÉ SPÉCIAL POUR LA COLONIE DE SURINAM. — Exposition collective.

SŒKABŒMISCHE LANDBOUWVEREENIGING. — Java.

PORTUGAL

Le Portugal n'était représenté dans la Classe 39 que par une exposition organisée par les soins du Gouvernement de la colonie du Mozambique (Afrique orientale) et comprenant les principaux produits du sol de cette colonie : riz, arachides, etc.

Le jury a décerné à cette exposition un diplôme d'honneur.

Il a accordé, d'autre part, aux collaborateurs 1 médaille d'or.

SUÈDE

Le jury a décerné un grand prix à la Station d'essai de semences de Svalöf.

Cette station a été fondée en 1886 par M. le baron F. Gyllenkrook et M. Binger Welinder.

Sous la direction de l'ingénieur agronome Th. Bruum de Neergard (1886-1890), les plantes de choix furent l'objet d'une étude attentive, qui amena la découverte, dans toutes les céréales, de *petites espèces* comparables aux espèces *jordaniennes.*

Le directeur actuel de la Station, M. le professeur N. Hlajmar Nilsson, en adoptant pour quelques individus aberrants la méthode de *culture pèdigree*, c'est-à-dire la culture faite en partant d'une seule plante dont on isole la descendance pendant les générations successives, découvrit dans les céréales suédoises l'existence de variations brusques, donnant naissance à des formes nouvelles héréditaires, de véritables *mutations*, au sens défini par M. Hugo de Vries, le célèbre professeur de l'Université d'Amsterdam. Ces formes stables, multipliées, ont été le point de départ de *sortes* (subdivisions de petites espèces) de céréales réellement nouvelles, introduites dans la grande culture. La Station s'est également occupée des pois et des vesces et, pour ces deux plantes, on a obtenu un grand nombre d'espèces entièrement nouvelles, dont, après de sévères essais préalables, quelques-unes seulement ont été livrées aux agriculteurs.

Pourvu de ressources considérables (le budget de la Société dépasse 56.000 francs) et muni des moyens les plus perfectionnés de travail, permettant la mesure rapide et précise des caractères morphologiques héréditaires, le laboratoire de Svalöf est à même de créer chaque année plus de cent sortes nouvelles et stables.

Le succès de cet établissement scientifique, unique au monde, et qui est visité chaque année par de nombreux spécialistes, est dû, non seulement à l'étude approfondie des lois de la descendance, mais principalement à l'application aux plantes cultivées des méthodes de classification, poussées jusqu'à la plus extrême limite, employées pour la première fois en France par Jordan.

A côté de l'établissement d'essai proprement dit, et sous son contrôle, se trouve « La Société anonyme suédoise des semences agricoles », entreprise commerciale, qui traite, épure en les cultivant et livre au commerce les nouvelles espèces obtenues par les travaux de la Station. Les deux entreprises sont d'ailleurs complètement distinctes ; elles ont chacune un budget propre, des agents spéciaux, des bâtiments et des domaines particuliers.

CHINE

Le Gouvernement chinois, ayant organisé, à Nankin, une exposition nationale en 1910, n'avait pu prendre qu'une place modeste à l'Exposition de Bruxelles.

Ces circonstances spéciales expliquent le nombre très restreint des exposants dans les différentes classes. Un seul exposant figurait dans la Classe 39. On peut regretter cette abstention. L'agriculture, en effet, est particulièrement en honneur dans l'Empire chinois, qui possède des terres d'une grande fertilité, notamment le *loess*, ou terre jaune, et il eût été intéressant de pouvoir apprécier les céréales, et notamment le riz dont la culture est l'objet de soins particuliers dans ce pays.

Le jury a décerné un grand prix à l'unique exposant figurant dans la Classe 39 : *La Compagnie Caséo-Sojaïne*, aux Vallées (France. — Département de la Seine).

Cette Société exposait des graines de soja et de nombreux produits à base de soja.

Le *soja*, ou *soya*, est une légumineuse originaire de l'Asie, dont la culture est très répandue en Chine, particulièrement en Mandchourie. C'est une sorte de haricot à gousses velues, dont les graines arrondies sont très riches en matières protéiques, grasses et minérales. Le développement de cette plante est très rapide, trois ou quatre mois lui suffisent pour se développer et mûrir. On en connaît plusieurs variétés dont la culture est actuellement tentée en France.

Les produits obtenus à l'aide du soja, et dont la Compagnie Caséo-Sojaïne présentait des spécimens, sont très nombreux et déconcertent au premier abord.

Citons notamment :

Le soja décortiqué, pouvant servir à l'alimentation comme tous les autres légumes secs;

La farine de soja, obtenue par la mouture des grains décortiqués, privés complètement de leur pellicule. Cette farine sert à fabriquer : des pains de soja recommandés pour l'alimentation des diabétiques, des biscuits, des gâteaux, des pâtes alimentaires, etc...;

Le lait de soja, lait végétal obtenu par la mouture des graines de soja après immersion dans l'eau pendant plusieurs heures;

Le fromage de soja, fabriqué avec du lait de soja ;

La caséine de soja, caséine végétale extraite également du

lait de soja et pouvant servir soit aux usages alimentaires, soit aux usages industriels ;

La sauce de soja, liquide brun, de saveur salée et d'un parfum assez agréable, employée pour aromatiser les mets ;

L'huile de soja, employée couramment en Chine pour l'alimentation;

La confiture de soja, ou crème de soja, ressemblant comme goût et comme aspect à la crème de marrons ;

Les tourteaux de soja provenant de la fabrication de l'huile et du lait de soja, qui servent à l'alimentation des bestiaux.

PERSE

La Perse était représentée dans la Classe 39, à l'Exposition de Bruxelles, par une importante collectivité groupant dix exposants, qui avaient envoyé des échantillons de céréales, de riz et de thé.

En raison de la diversité de son climat, changeant suivant les régions, la Perse produit en effet des récoltes variées.

La partie la plus fertile est celle avoisinant la Caspienne. Presque partout, d'ailleurs, les méthodes de culture sont des plus primitives, le labour se fait avec un araire sans versoir, muni d'un simple soc, la moisson avec la faucille. Les engrais ne sont employés que dans les potagers. Les irrigations, par contre, sont assez développées.

Parmi les céréales, le froment occupe la première place. La superficie qui lui est consacrée, dans chaque village, est des trois cinquièmes environ des terres cultivées. Le surplus de la récolte, qui n'est pas consommé sur place, est exporté en Angleterre.

L'orge, dont on rencontre une variété à deux rangs, vient en seconde ligne. Elle donne des rendements moyens de 1.200

à 1.500 kilogrammes à l'hectare. On l'emploie principalement à l'alimentation du cheval.

Le seigle et l'avoine ne sont presque pas cultivés.

Le maïs est également très peu répandu. Dans certaines régions il sert à faire du pain ou à nourrir les chevaux ; mais on lui préfère en général pour ces usages le sorgho.

Le riz occupe une place importante. On le cultive particulièrement près du littoral de la Caspienne et dans le Sud. Les variétés les meilleures sont le riz « sadri », d'origine indienne, et le riz « rasmi » à gros grains. Les rendements atteignent 35 hectolitres à l'hectare.

La canne à sucre fournit un sucre de qualité inférieure et qui ne suffit pas à la consommation locale.

La culture de la betterave sucrière est peu développée, mais les rendements en sucre obtenus sont excellents. Quant à la betterave fourragère, elle est inconnue.

La pomme de terre n'a été introduite en Perse que depuis quelques années seulement. Les rendements sont généralement faibles.

Le thé, dont l'introduction est également récente, trouve au sud de la Caspienne des terrains favorables.

Parmi les légumes, les fèves, les pois chiches, les lentilles, les haricots sont cultivés pour l'alimentation des habitants. Des soins tout particuliers sont donnés aux melons, pastèques et concombres.

Les fruits se rencontrent partout où les irrigations sont possibles. Le dattier croît dans le Sud et sur le plateau d'Iran.

Le jury a décerné une médaille d'or à la collectivité des exposants de la Perse.

BRÉSIL

Le Brésil occupait une place importante dans la Classe 39. Cette classe, comprenait en effet, à elle seule, 138 exposants, dont plusieurs collectivités groupant les produits de leurs adhérents.

Parmi ces produits le café, le maté, le cacao, la canne à sucre et le manioc méritent une mention spéciale.

Le caféier (*Coffea arabica*) est un bel arbuste dont la hauteur, au Brésil, varie de 2m,50 à 5 mètres, selon le climat et les soins de culture. Son fruit, d'abord vert, devient rouge à la maturité et est désigné alors sous le nom de « cerise ». La culture du caféier exige beaucoup de soins. Ce n'est qu'au bout de six ans que l'arbre donne son plein rendement et entre trente et quarante ans il doit être arraché.

Le café est la plus grande richesse du Brésil et tient la première place dans les produits d'exportation.

L'État de São Paulo est le plus fort producteur, mais le précieux arbuste est également cultivé dans les États de Rio de Janeiro, de Bahia, de Minas Geraes et d'Espirito Santo.

En 1906 l'État de São Paulo a produit, à lui seul, 15 millions 392.000 sacs de 60 kilogrammes de café et les autres États du Brésil 4.800.000 sacs, ce qui fait un total de 20.192.000 sacs. Ce total représente environ 85 p. 100 de la production mondiale, celle-ci pouvant être évaluée à 23.920.000 sacs.

Le Brésil a exporté 12.658.457 sacs de café en 1908 et, 16.880.696 sacs en 1909.

Le maté est la feuille d'un arbuste de 2 à 3 mètres de haut de la même famille que notre houx, l'*Ilex Maté*. Avant d'être livrées à la consommation, les feuilles de maté sont torréfiées et broyées ; infusées dans de l'eau chaude, elles fournissent une boisson agréable et hygiénique, analogue au thé. Ce produit, encore peu connu en Europe, est très apprécié dans toute l'Amérique du Sud.

L'arbre à maté est très abondant dans les États de Parana, de Santa Catharina, de Rio Grande do Sul et de Matto Grosso et un peu moins abondant dans ceux de São Paulo, de Minas Geraes et de Goyaz.

La consommation du maté au Brésil même est difficile à évaluer, mais elle dépasse certainement 13 millions de kilogrammes. Quant aux exportations, elles ont atteint, en 1909, 58 millions

17.850 kilogrammes. Les pays qui consomment les plus grandes quantités de maté sont, par ordre d'importance : la République Argentine, l'Uruguay et le Chili.

Le cacaoyer constitue également une des richesses du Brésil. Cet arbre a besoin, dans ses premières années, de soins attentifs mais peu coûteux; il entre en plein rapport dans sa quatrième année et donne deux récoltes par an. Le cacaoyer est cultivé principalement dans l'État de Bahia, mais on le rencontre également dans les États de Para, de l'Amazonas, de Maranhao, de Ceara, de Pernambuco, d'Alagoas et d'Espirito Santo. Les exportations du cacao n'ont pas cessé d'augmenter. De 20.899.643 kilos en 1903, elles ont passé à 33.817.739 kilos en 1909.

La canne à sucre est cultivée dans tout le Brésil, mais l'État de Pernambuco s'est spécialement adonné à la fabrication du sucre; dans les autres États la canne est distillée et on en fait la fameuse eau-de-vie de canne. La culture de la canne à sucre au Brésil n'est pas toutefois encore arrivée au degré de perfection qu'elle a atteint dans d'autres pays. Le rendement moyen ne dépasse pas 50 tonnes par hectare. L'industrie sucrière est également peu avancée. Dans les grandes usines la moyenne de l'extraction du sucre en deux jets ne dépasse pas 7,5 p. 100, et dans les petites usines elle oscille entre 5,5 et 6 p. 100.

La plus grande partie du sucre fabriqué est consommée dans le pays même. En 1909 les exportations ont atteint 70 millions 207.784 kilos.

Le manioc mérite également une mention spéciale. Ce tubercule fait l'objet d'une culture des plus importantes au Brésil et produit une farine qui remplace le pain pour la presque totalité des habitants du pays. On sait, d'autre part, que la fécule de manioc sert à la préparation du tapioca, dont la valeur nutritive est bien connue.

En dehors de ces produits spéciaux, on peut dire que toutes les cultures se font au Brésil, depuis les plantes équatoriales, telles que la vanille, jusqu'aux céréales des zones tempérées, telles que le riz, le blé et le maïs, dont le jury a pu apprécier la bonne qualité.

Exposants.

Le nombre des exposants était considérable ; il s'élevait à 138, dont cinq collectivités groupant elles-mêmes plusieurs adhérents. Le jury a reconnu l'effort fait par le Brésil dans sa participation remarquable à l'Exposition de Bruxelles et l'excellence des produits présentés en décernant aux exposants 19 grands prix, 4 diplômes d'honneur, 29 médailles d'or, 17 médailles d'argent, 5 médailles de bronze et 20 diplômes de mentions honorables.

GRANDS PRIX

ASSOCIATION COMMERCIALE DE SANTOS-SÃO PAULO.

Produits exposés : collection remarquable d'une grande variété de cafés en grains présentée par les principales maisons de commerce de la ville de Santos.

Cette association avait précédemment obtenu un grand prix à l'Exposition de Saint-Louis en 1904.

MM. CARNEIRO DAVID ET FILHOS. — Parana.

Produits exposés : maté.

COLLECTIVITÉ DU GOUVERNEMENT DE L'AMAZONAS.

Cette importante collectivité, groupant les expositions des intendances de Codajaz, Labrea, Fonte Boa, Parintins et Teffé, présentait des céréales, des maïs en grains, des haricots et des fèves.

COMMISSÃO DE AQUISIÇÃO DOS PRODUCTOS DO ESTADO DO AMAZONAS. — Amazonas.

Produits exposés : pommes de terre, tubercules, racines, navets, oignons, maïs, riz, haricots et gergeline.

COMMISSÃO ORGANIZADORA DA EXPOSIÇÃO EM PERNAMBUCO. — Pernambuco.

Produits exposés : cafés en grains, céréales, cannes à sucre.

GOVERNO DO ESTADO DA BAHIA. — Bahia.

Produits exposés : cafés en grains, cacao.

GOVERNO DO ESTADO DE PARA.

Produits exposés : riz, maïs, vanille.

GOVERNO DO ESTADO DE PARANA.

Produits exposés : maté.

GOVERNO DO ESTADO DE SANTA CATHARINA.

Produits exposés : maté.

GOVERNO DO ESTADO DE SÃO PAULO. — São Paulo.

Le Gouvernement de l'État de São Paulo a obtenu deux grands prix :

1° Pour ses cafés en grains.

2° Pour ses semences améliorées de céréales et de fourrages destinées à être distribuées gratuitement.

INTENDENCIA MUNICIPAL DA CAPITAL. — Amazonas.

Produits exposés : céréales, maïs en grains, fèves, haricots, concombres et citrons.

JUNTA COMMERCIAL DO AMAZONAS. — Amazonas.

Produits exposés: café en grains, riz, maïs et autres céréales, huiles comestibles d'origine végétale, pommes de terre, gingembre, cacao, fourrages conservés.

M. LARANJEIRAS, MENDES ET Cie. — Parana.

Produits exposés : maté.

SOCIEDADE AMAZONENSE DE AGRICULTURA. — Manaos (Amazonas).

Produits exposés : fourrages propres à la nourriture des bestiaux.

Sociedade Nacional de agricultura. — Rio de Janeiro.

Cette importante Société, qui avait déjà obtenu un grand prix à l'Exposition de Saint-Louis en 1904, exposait une remarquable collection d'échantillons de café en grains de plusieurs producteurs de l'État de Rio de Janeiro.

Sociedade Paulista de agricultura, commercio e industria. — São Paulo.

Cette Société a obtenu deux grands prix : 1° pour son exposition de céréales ; 2° pour son exposition collective de toutes les qualités de café en grains de l'État de São Paulo, présentées par différents municipes de l'État. Elle avait déjà obtenu un grand prix à Saint-Louis, en 1904.

M. João Teixeira Soares. — Minas Geraes.

Produits exposés : café en grains.

DIPLOMES D'HONNEUR

Collectivité des coopératives agricoles de l'État de Minas Geraes.

Cette collectivité groupait 39 coopératives agricoles qui avaient envoyé chacune des échantillons de café.

Commissariado do Estado de São Paulo. — Bruxelles.

Produits exposés : échantillons de café en grains.

Directoria de agricultura do Estado de São Paulo. — São Paulo.

Produits exposés : échantillons de café en grains.

Junta commercial do Amazonas. — Amazonas.

Produits exposés : cacao.

MÉDAILLES D'OR

MM. R. ALVES TOLEDO ET C°. — São Paulo.
Produits exposés : café en grains.

ASSOCIAÇÃO COMMERCIAL DE SERGIPE. — Sergipe.
Produits exposés : échantillons de riz, de maïs, de haricots blancs.

MM. BERHING ET Cie. FABRICA GLOBO. — Rio de Janeiro.
Produits exposés : cacao.

M. HENRIQUE LUIZ. CAVALCANTE DE ALBUQUERQUE. — Pernambuco.
Produits exposés : cacao.

COLLECTIVITÉ DU GOUVERNEMENT DE BAHIA.
Produits exposés : cacao.

COLLECTIVITÉ DU GOUVERNEMENT DE PERNAMBUCO.
Produits exposés : café, haricots, fèves et maïs.

COLLECTIVITÉ DU GOUVERNEMENT DE MANAOS. — Amazonas.
Produits exposés : cacao, farine de bananes.

COMMISSÃO ESTADUAL DO PARA.
Produits exposés : cacao, gingembre.

COMMISSÃO ORGANIZADORA DA EXPOSICÃO EM PERNAMBUCO.
Produits exposés : café en grains, céréales, cannes à sucre.

COOPERATIVA AGRICOLA DE JUIZ DE FORA. — Minas Geraes.
Produits exposés : café en grains.

COOPERATIVA AGRICOLA DE PONTE NOVENSE. — Minas Geraes.
Produits exposés : café en grains.

Cooperativa agricola Leopoldinense. — Minas Geraes.
Produits exposés : café en grains.

MM. Costa Pereira, Maia et Cie. — Rio de Janeiro.
Produits exposés : huiles comestibles d'origine végétale.

Escola agricola de Goyanna.
Produits exposés : riz, haricots.

M. F. Ferreira Ramos. — São Paulo
Produits exposés : café en grains.

MM. Freitas Lima Nogueira et Cie. — São Paulo.
Produits exposés : café en grains.

M. Hardman (Samuel). — Pernambuco.
Produits exposés : riz, fourrages.

Intendencia de Urucara. — Amazonas.
Produits exposés : cacao.

M. Eduardo Lemasson. — São Paulo.
Produits exposés : café en grains.

MM. Macedo et Filho. — Parana.
Produits exposés : maté.

MM. Marques Veiga et Cie. — Rio Grande do Sul.
Produits exposés : maté.

M. J. D. Martins. — São Paulo.
Produits exposés : café en grains.

MM. Mattarazzo F. et Cie. — São Paulo.
Produits exposés : riz, fourrages.

Municipio de Goyanna. — Pernambuco.
Produits exposés : haricots.

MM. Queiroz, Ferreira et Azevado. — Rio Preto (São Paulo).

Produits exposés : café en grains.

M. Schmidt Francisco. — São Paulo.

Produits exposés : café en grains.

MM. Silva Gonçalves et Cie. — Rio de Janeiro.

Produits exposés : café en grains.

MM. Floriano, A. Souza Camargo. — São Paulo.

Produits exposés : café en grains.

MM. Viuva Correa et Filhos. — Parana.

Produits exposés : maté.

CANADA

Comme à Liége, en 1905, le Gouvernement du Canada avait organisé une exposition collective remarquable de ses produits. Cette puissance ayant manifesté le désir de ne pas participer à la distribution des récompenses, le jury n'a pas eu à se prononcer sur la valeur des produits exposés. Nous pouvons affirmer toutefois qu'il aurait certainement attribué, à l'unanimité, un grand prix au Gouvernement du Canada pour l'ensemble des produits rentrant dans la Classe 39.

Parmi ceux-ci il convient de signaler tout spécialement une collection remarquable de céréales en gerbes et en grains : blé tendre, blé dur, avoine, orge, seigle et sarrasin.

Le Canada possède, en effet, des terres à céréales de premier ordre.

Le blé constitue la culture la plus importante. Il couvre 3.278.000 hectares. On le rencontre dans presque toutes les provinces, mais plus particulièrement dans le Manitoba, dans l'Ontario et les territoires du Nord-Ouest. En 1908 la production a été de 67.593.000 hectolitres. Ces immenses récoltes, destinées principalement à être réexpédies plus tard en Europe, au fur et à mesure des besoins, sont emmagasinées dans des « élévateurs ». On compte, à l'ouest du lac Supérieur, plus de mille élévateurs d'une capacité totale de 40.778.000 boisseaux. Dans l'Est il existe également des élévateurs ayant, ensemble, une capacité de 12.500.000 boisseaux et on en bâtit actuellement dans les différents ports. Le plus grand élévateur se trouve à Fort-William sur le lac Supérieur; il peut contenir 3.200.000 boisseaux.

En vue de permettre l'extension de la culture du blé, des études se poursuivent au Canada, afin de trouver des variétés de plus en plus précoces, pouvant arriver à maturité même dans les régions où le climat est le plus rigoureux et la belle saison le plus courte.

Des croisements entre le *Fife rouge*, variété du pays, et des variétés de Russsie et de l'Himalaya ont donné des blés comme le *Preston*, le *Stanley*, l'*Early-Riga* ayant pu mûrir neuf jours plus tôt que le *Fife rouge*.

L'avoine est également très cultivée pour la nourriture du bétail, particulièrement dans l'Ontario, le Manitoba et la province de Québec. Elle occupe 3.763.800 hectares et a donné, en 1908, 128.449.544 hectolitres.

L'orge se rencontre dans les mêmes provinces, couvrant 754.530 hectares ayant fourni, en 1908, 20.131.600 hectolitres.

Le seigle et le sarrasin ont une importance moindre.

Les pommes de terre sont ensemencées dans tous les territoires, mais les récoltes les plus abondantes sont celles de l'Ontario, de Québec, du Nouveau-Brunswick, de la Nouvelle-Écosse, de l'île du Prince-Édouard et du Manitoba. En 1908 la récolte a été de 36.008.288 hectolitres.

La betterave est cultivée aussi, en grande quantité, dans l'Ontario, la province de Québec et les territoires de l'Ouest.

Le Canada tire sa richesse de l'exportation de ses produits agricoles à l'étranger. Le chiffre de ses exportations varie chaque année suivant l'importance de ses propres récoltes et suivant les besoins qui se manifestent sur les différents marchés du monde.

Le plus important de ces marchés est la Grande-Bretagne, puis viennent : l'Afrique du Sud, le Japon, la Chine et les Antilles anglaises. Les grains et les farines constituent l'article d'exportation le plus important.

La valeur totale des exportations du Canada pour ces produits, a été en 1909 la suivante :

	Hectolitres.	Valeurs. — Francs.
Blé	18.076.006	272.516.438
Avoine	1.236.189	8.115.050
Orge	743.117	5.738.051
Sarrasin	335.618	2.780.318
Farine de blé	1.113.467	79.974.043
Farine d'avoine	89.867	5.821.599

RÉPUBLIQUE DOMINICAINE

L'exposition de la République Dominicaine se composait de produits du sol envoyés par diverses chambres de commerce, agissant au nom de la collectivité des planteurs de leur ressort et par un certain nombre de particuliers agissant en leur nom personnel.

Parmi ces produits il convient de signaler spécialement le café, le cacao et la canne à sucre, qui croissent merveilleusement sous le climat tropical de l'île de Saint-Domingue et qui constituent des articles importants d'exportation.

Le café, malgré l'énorme production du Brésil et la baisse des prix qui en est résultée, constitue une des richesses du pays. Cultivé avec soin et traité par les meilleurs procédés, il possède l'arome et la douceur des cafés de la Martinique.

La culture du cacao s'est beaucoup développée à la suite de

la baisse sur les cafés, particulièrement à Samana et dans toute la région du Nord. Les cacaos sont préparés avec le plus grand soin et expédiés à même dans leurs gousses ou cabasses, préalablement séchées par un procédé ingénieux.

Quant à la culture de la canne à sucre, elle augmente tous les jours. Les principales plantations sont situées à Macoris, Puerto Plata, Santo Domingo, Azua et Samana. On compte actuellement plus de cent sucreries dans le pays et beaucoup d'autres sont sur le point de s'y établir.

Exposants.

Les exposants étaient au nombre de 15, parmi lesquels figuraient des collectivités groupant 64 membres participants.

Le jury a décerné deux grands prix, un diplôme d'honneur, trois médailles d'or, une médaille d'argent et une médaille de bronze. Trois de ces récompenses ont été attribuées à des collectivités.

GRANDS PRIX

M. Ad. Ferret. — Altamina.
Produits exposés : cafés, cacaos, fèves plates et rondes.
Récompenses antérieures : médaille d'or Bruxelles 1897.

M. F. Goussard. — Santo Domingo.
Produits exposés : cacao.
Récompenses antérieures : médaille d'or Bruxelles 1897, diplôme d'honneur Liége 1905.

DIPLOMES D'HONNEUR

M. José M. Michel. — Caimito.
Produits exposés : cacao.

MÉDAILLES D'OR

COLLECTIVITÉ DES EXPOSANTS DE CAFÉ.

Cette collectivité comprenait treize exposants des provinces de Santo Domingo, Espaillat, Monte Cristy et Azua.

M. J. HEREDIA. — Azua.

Produits exposés : cafés divers.

M. LUIS E. DELMONTE. — Barahona.

Produits exposés : café.

RÉPUBLIQUE D'HAITI

Occupant la partie occidentale de l'île de Saint-Domingue, soumise au climat tropical, la production agricole de la République d'Haïti est la même que celle de la République Dominicaine.

Le jury a eu à apprécier spécialement ses cafés et ses cacaos, d'excellente qualité.

Exposants.

Les exposants étaient au nombre d'une dizaine et le jury leur a décerné un grand prix, un diplôme d'honneur, une médaille d'or, deux médailles d'argent et une médaille de bronze.

GRANDS PRIX

MM. SIMONDS J. P. ET Cie. — Leogane.

DIPLOMES D'HONNEUR

MM. Kiffer Ph. et Cie. — Port-au-Prince.

MÉDAILLES D'OR

Société anonyme belge des plantations d'Haiti. — Bayeux.

GUATÉMALA

Le Guatémala était représenté par des collectivités groupant un grand nombre d'exposants.

Parmi ces collectivités la plus importante était celle des producteurs de café. Le jury a tout spécialement apprécié la supériorité des échantillons exposés. Le café du Guatémala, qui se recommande par son arome, est d'ailleurs réputé comme le meilleur de l'Amérique. L'exportation de ce produit s'est élevée, en 1908, à 6.159.695 dollars.

A côté de cette collectivité il convient de mentionner celle des exposants de céréales et celle des exposants de cacaos. Dans les régions fertiles et bien situées le sol peut donner par année et sans engrais trois récoltes de maïs et deux récoltes de blé. Les céréales exposées étaient de la meilleure qualité.

Exposants.

Le nombre des exposants figurant au Catalogue général n'était que de deux ; mais il convient de remarquer que parmi ceux-ci figuraient les importantes collectivités, dont nous venons de parler.

Le jury a décerné un grand prix, un diplôme d'honneur et une médaille d'argent.

GRANDS PRIX

Collectivité des exposants de café.

Cette collectivité groupait 179 exposants.

DIPLOMES D'HONNEUR

Collectivité des exposants de céréales.

Cette collectivité groupait 14 exposants.

MÉDAILLES D'ARGENT

Collectivité des exposants de cacaos.

Cette collectivité groupait 7 exposants.

NICARAGUA

Le Nicaragua avait envoyé à Bruxelles les produits les plus estimés de son sol d'une merveilleuse fertilité. A côté de quelques échantillons de céréales, notamment de maïs et de riz, figuraient des cafés, de qualité supérieure, dont l'exportation dépasse 8.000.000 de kilogrammes, des cacaos et des bananes.

Exposants.

Les exposants étaient au nombre de seize. Le jury a décerné deux diplômes d'honneur, cinq médailles d'or et quatre médailles d'argent.

DIPLOMES D'HONNEUR

M. Layrac Louis. — Managua.

Produits exposés : cafés.

M. MENIER. — Valle Menier.
Produits exposés : cacaos, cannes à sucre.

MÉDAILLES D'OR

M. CALLEJAS. — Chinandega.
Produits exposés : céréales, bananes.

M. GOMEZ J. D. — Managua.
Produits exposés : cafés.

M. GONZALEZ J. E. — Diriamba.
Produits exposés : cafés, riz.

M. GUERRERO JOSÉ DE LA LUZ. — Léon.
Produits exposés : céréales, maïs.

M. LUGO GENARO. — Managua.
Produits exposés : cafés.

URUGUAY

L'agriculture constitue une des grandes richesses de l'Uruguay, qui jouit d'un climat tempéré et d'un sol d'une grande fertilité. Les céréales de la Plata sont universellement connues.

En 1909 le froment couvrait 276.787 hectares et la production a été de 189.155 quintaux. Le maïs était cultivé sur 203.268 hectares ayant donné 25.247 quintaux. L'orge occupait 3.487 hectares ayant donné 2.380 quintaux et l'avoine 6.891 hectares ayant donné 4.581 quintaux. Aussi peut-on regretter que, par suite de l'insuffisance de l'emplacement concédé à l'Uruguay, la participation de ce pays à l'Exposition de Bruxelles dans la Classe 39 n'ait pas été plus importante.

Deux exposants seulement figuraient dans cette classe. Le jury a décerné un diplôme de mention honorable à M. Antonio Santolini pour ses échantillons de blé et de maïs.

TABLE DES MATIÈRES

Composition du Jury 5
Introduction 9
Aperçu général. Récompenses obtenues 11
France 17
Algérie 43
Tunisie 54
Allemagne 64
Angleterre 71
Belgique 73
Danemark 78
Espagne 79
Italie 82
Pays-Bas 86
Portugal 89
Suède 89
Chine 90
Perse 92
Brésil 93
Canada 101
République dominicaine 103
République d'Haïti 105
Guatémala 106
Nicaragua 107
Uruguay 108

SAINT-CLOUD. — IMPRIMERIE BELIN FRÈRES.

www.ingramcontent.com/pod-product-compliance
Ingram Content Group UK Ltd.
Pitfield, Milton Keynes, MK11 3LW, UK
UKHW022117190726
13855UKWH00003B/920